tkarte nach Gerhard Mercator (1512–1594)

JACQUES de MAHIEU

WER ENTDECKTE AMERIKA?

JACQUES de MAHIEU

WER ENTDECKTE AMERIKA?

Geheimgeographie vor Kolumbus

Aus dem Französischen übersetzt von
Wilfred von Oven

1977

GRABERT-VERLAG TÜBINGEN

Übertragen aus dem Französischen
Titel der im Verlag Edition Copernic, Paris, erscheinenden Originalausgabe:
»La Géographie secrète de l'Amerique avant Colomb«

Internationale Standard-Buchnummer
ISBN 3 87847 035 5

Satz und Druck: Gulde-Druck, Tübingen
Buchbindearbeiten: Großbuchbinderei Lachenmaier, Reutlingen
Filme der Abbildungen und Bildtafeln:
Graphische Kunstanstalt Künstle, Tübingen
Karten: Horst Schröppe
Schutzumschlagentwurf: W. Mertens

INHALTSVERZEICHNIS

Erstes Kapitel

AMERIKA ZUR RÖMERZEIT

Eines schönen Tages im ersten Jahrhundert unserer Zeitrechnung trat der Grieche Alexander, Kapitän eines römischen Handelsschiffes, eine lange Seereise an. Von seinem Auslaufhafen auf der *Chersonesus Aurea,* der „Goldenen Halbinsel", die wir heute Indochina nennen, nahm er Südkurs und landete zwanzig Tage später in Zabai. Von hier aus segelte er nach Osten und erreichte nach „einer so großen Zahl von Tagen, daß man sie unmöglich zählen konnte" und „ohne Zwischenlandung" die wohlbekannte Stadt Cattigara.

Diesen Bericht verdanken wir dem phönizischen Geographen Marinus von Tyrus, dessen gegen Ende des ersten Jahrhunderts geschriebenes Werk verlorenging, aber von seinem Fachkollegen, dem in Ägypten wirkenden romanisierten Griechen Claudius Ptolemäus (um 90–160 ndZ) fünfzig Jahre später aufgenommen und so der Nachwelt überliefert wurde.

Es wundert uns nicht, in jener Zeit ein römisches Schiff im Fernen Osten anzutreffen. Rom hatte, als es Griechenland seinem Imperium einverleibte, die Erbschaft Alexanders des Großen angetreten und diese in seinem Geist auf das Feld der praktischen Verwirklichung übertragen. Zahlreiche seiner Untertanen arbeiteten – als Architekten, Bildhauer, Maurer, Zimmerleute und Spezialisten in

Metallbearbeitung – in Indien, wo sie als *iavanas* bekannt waren. Aber vor allem durchzogen seine Schiffe den Indischen Ozean und liefen regelmäßig die Häfen an, die das Römische Imperium an dessen Küsten errichtet hatte. Wir haben dafür greifbare Beweise, seit im Jahr 1945 in der Nähe von Pondichéry die Ruinen der römischen Stadt Arikamendou, Zentrum des Musselin-Exports im Altertum entdeckt wurden, und bald darauf in der Nähe von Saigon die Überreste einer Oc-Eo genannten Faktorei, wahrscheinlich eine Niederlassung der Erstgenannten.

Hatte Rom also Schiffe, die in der Lage waren, soweit außerhalb des *Mare Nostrum* zu gelangen? Ganz ohne Zweifel. Wenn von der römischen Seefahrt gesprochen wird, denken wir meist an Küstenschiffe von 200 bis 400 Tonnen, wie sie in den letzten Jahrzehnten an den Küsten des Mittelmeers gefunden wurden. Aber es gab viel größere[1] als das zum Beispiel, von dem Lucianus berichtet, so auch ein für den Getreidetransport bestimmtes Frachtschiff in Alexandria von mehr als 2000 Tonnen.

Das Schiff, mit dem der Apostel Paulus nach Rom kam, beförderte 276 Passagiere, und in der gleichen Epoche erwähnt Flavius Josephus ein Schiff, das außer seiner Frachtladung von Handelsgütern 600 Personen an Bord hatte. Was die Besatzung anbetrifft, so vergessen wir nicht, daß so hervorragende Seefahrernationen, wie Griechenland und Phönizien, zum Imperium gehörten. Die Häfen Palästinas (El Aqaba = Akkaba) und Ägyptens gaben ihm andrerseits Zugang zum Roten Meer und diejenigen Persiens direkt zum Indischen Ozean.

Die Anwesenheit des griechischen Seefahrers Alexander

in Indochina hat also für uns nichts Überraschendes. Dagegen ist es höchst merkwürdig, daß er Cattigara erreichte, eine Stadt, die alle Weltkarten zwischen dem 1. und dem 16. Jahrhundert verzeichnen, jedoch in einem Land, das es nicht gibt.

In Byzanz verwahrt, gelangte die *Geographie* des Ptolemäus zusammen mit den grundlegenden Werken der griechischen Philosophen nach Europa. Während des ganzen Mittelalters war sie das Fundament der zeitgenössischen Kosmologie sowohl für die arabischen Gelehrten – wir sagen der Einfachheit halber „arabischen", obwohl wir natürlich wissen, daß die fraglichen Gelehrten arabisierte Perser, Syrer, Afghanen, Ägypter und Berber waren – in Spanien als auch für die christlichen Scholastiker. Der Geographie des Ptolemäus waren eine Weltkarte und verschiedene kartographische Teildarstellungen beigegeben. Zu Beginn des 15. Jahrhunderts wurde sie in die lateinische Sprache übersetzt und bis Ende des 16. Jahrhunderts in zahlreichen Ausgaben herausgebracht.

Wenn wir die Weltkarte des Ptolemäus betrachten, stellen wir fest, daß Europa korrekt wiedergegeben ist, obwohl Skandinavien fehlt oder, wenn man so will, auf Island (Thule) reduziert wurde, und daß Afrika nicht über den 10. Grad südlicher Breite hinausgeht. In Asien ist Indien sehr schlecht dargestellt, Ceylon (Trapobana) hat übertriebene Ausmaße und Indochina reicht über den Äquator hinaus, was darauf hinzuweisen scheint, daß die Insulinde (der Malaiische Archipel zwischen Südostasien und Australien) mit einbezogen wurde (wir werden sehen, daß es noch andere Gründe gibt, die das wahrscheinlich machen).

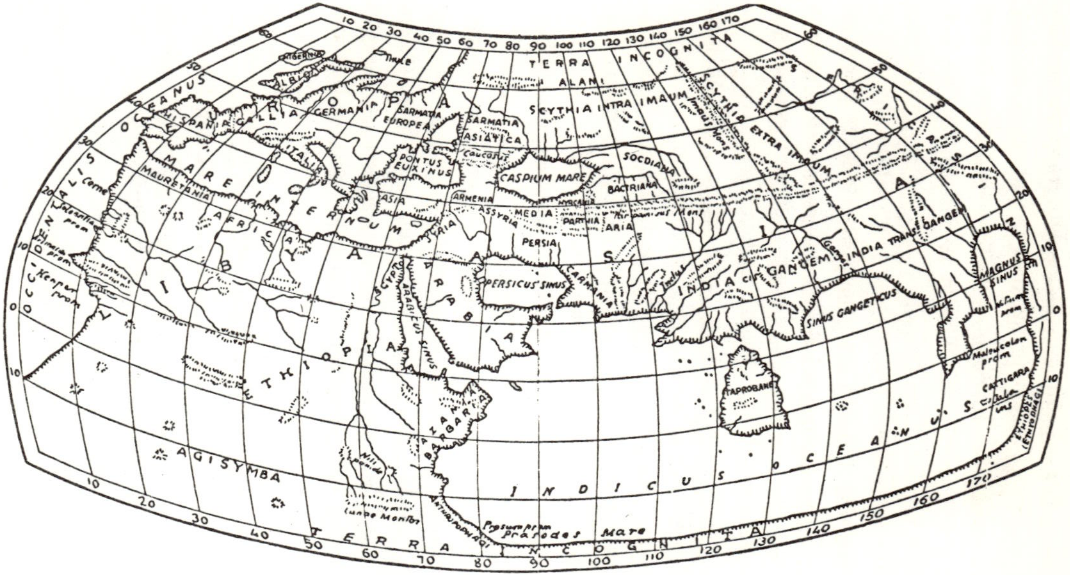

Abbildung 1
Weltkarte von Ptolemäus (2. Jahrh. ndZ)

Weiter westlich erscheint ein tiefer und schmaler Golf mit dem Namen *Sinus Magnus,* dessen Ostküste, an der sich Cattigara befindet, bis zum 15. Grad südlicher Breite reicht, um sich dort nach Westen zu richten, bis sie sich mit Afrika vereint. Der Indische Ozean verwandelt sich so in ein geschlossenes Meer, das im Westen von Afrika, im Norden von Asien, dem „Land Cattigara" im Osten und einer *Terra Incognita* im Süden begrenzt wird. Merkwürdig: die Ostküsten Chinas sind auf der Karte ebenso wenig verzeichnet wie diejenigen des geheimnisvollen „Landes Cattigara", die logischerweise an den Atlantischen Ozean grenzen müßten.

Merkwürdig, denn im 2. Jahrhundert wußte man sehr wohl, daß die Erde rund ist, und es war schon lange her, daß Eratosthenes (um 275–195 vdZ) den Erdumfang nahezu richtig mit 252 000 Stadien (= rund 40 000 km) berechnet hatte. Aber man glaubte damals, daß unser Planet das feststehende Zentrum eines Weltalls sei, in dem die Sterne um die Erde kreisten. Unter der Ökumene, der bewohnten Erde, verstand man nur ihre nördliche Hälfte; auf der südlichen hätten sich die Menschen nach damaliger Vorstellung mit dem Kopf nach unten bewegen müssen, was man für unmöglich hielt. Aber es genügte, zu wissen, daß die Erde rund ist, um zu dem Schluß zu gelangen, daß der Atlantik sowohl die Küsten Europas als auch diejenigen Asiens bespüle, immer vorausgesetzt, daß sich zwischen diesen beiden Kontinenten nicht noch ein anderer befinde.

Dieser Mangel der Weltkarte des Ptolemäus erhält eine außerordentliche Bedeutung, weil er beweist, daß der Geograph keine Vermutungen angestellt, sondern sich streng an bekannte, also beobachtete Tatsachen gehalten hat. Er zögerte nicht, Afrika – entgegen der Theorie seiner Zeit – mehr als zehn Grade in die südliche Erdhälfte hineinreichen zu lassen, weil er wußte, daß die Weltmeere auch über den Äquator hinaus befahren wurden. Und wenn er das Gleiche auch mit dem Land Cattigara tat, so weil er in bezug auf dasselbe die gleiche Gewißheit gehabt haben muß. Umgekehrt trug er die Ostküsten der Ökumene ganz einfach deswegen nicht ein, weil seine Informanten sie nicht erreicht hatten.

Dagegen war die Westküste des Landes Cattigara bekannt, und Ptolemäus stützte sich bei den entsprechenden Angaben auf seiner Karte auf direkte und indirekte Zeugnisse von Seefahrern, die dorthin gelangt waren. Nun, wir wiederholen: Diese Küste existiert nicht. Ostwärts von Indonesien gibt es nur den Pazifik.

Irgendetwas stimmt also nicht an der Darstellung unseres Geographen. Das können wir auch feststellen, wenn wir auf seiner Karte die Reise des griechischen Seefahrers Alexander verfolgen. Sie begann in einem Hafen Indochinas, möglicherweise Oc-Eo, und erreichte – anscheinend stets auf der Goldenen Halbinsel – Zabai. Das ist der Name, den heute noch – wenn auch mit einigen geringen Abweichungen (Zabak, Zabag, Sabah) – die Nordostküste Borneos trägt, auf welcher Insel Ptolemäus außerdem die Stadt Samaradi eingetragen hat, die hier unter dem Namen Samarindia bis heute existiert. Das bestätigt, was wir weiter oben sagten: Für den Alexandriner bildeten Indochina und Insulinde die gleiche Halbinsel.

Nun beträgt auf seiner Karte die Entfernung zwischen Zabai und Cattigara nur 8° 40'. Da Ptolemäus (nach den

Berechnungen des Posidonius, nicht des Eratosthenes) dem Grad eine Länge von 500 Stadien beimißt, würde das einer Entfernung von 680 Kilometern entsprechen. Das ist wahrlich keine Strecke, zu deren Bewältigung der eingangs erwähnte Seefahrer „einer so großen Zahl von Tagen, daß man sie unmöglich zählen konnte“ bedurft hätte. Umsoweniger, als diese Entfernung wesentlich geringer ist als diejenige, die – nach der gleichen Karte – zwischen der Ostküste Ceylons und der Spitze Indonesiens liegt. Sie beträgt 27° 42' oder rund 2200 km, was für die Schiffe der Römer eine durchaus gewöhnliche Seereise war.

Für diesen Widersinn gibt es nur eine einzige Erklärung: Die Karte des Ptolemäus gibt die Darstellung der „Geographie“ des Marinus von Tyrus nicht getreulich wieder. Denn es ist äußerst unwahrscheinlich, daß dieser sich so offensichtlich widersprochen haben soll. Tatsächlich wissen wir, daß der Alexandriner, obwohl er sich sehr genau an das Werk seines Vorgängers hielt, keine Bedenken trug, es – mit oder ohne Grund – in einigen seiner wesentlichen Gesichtspunkte zu berichtigen. So ersetzte er beispielsweise nicht nur die parallel verlaufenden Meridiane des Marinus durch gekrümmte Linien, die sich am Pol begegnen (wie es sich gehört), sondern er reduzierte auch die Ausdehnung der Ökumene beträchtlich.

Für Ptolemäus erstreckten sich die bekannten Teile der Erde, beginnend mit den Inseln der Seligen (unseren Kanarischen Inseln), über 180°. Er plaziert die Goldene Halbinsel auf 160° und Zabai auf 168° 20'. Zwischen diesem letztgenannten Punkt und Cattigara zählen wir die 8° 40', die er dem *Sinus Magnus* beimißt, und drei weitere Grade, die dem schmalen Landstreifen zwischen der Westküste Cattigaras und dem Rand der Karte entsprechen. Auch Marinus von Tyrus läßt Indochina auf dem 160. Längengrad erscheinen, und die von ihm erwähnten 20 Tage Seefahrt, die Alexander von Indochina nach Borneo benötigte, gestatten nicht die Annahme, daß für ihn die Küste dieser Insel weiter östlich gelegen hat als für Ptolemäus.

Um die von ihm angegebenen 225 Grade zu vervollständigen, fehlen also noch 56° 40', was einer Ausdehnung des *Sinus Magnus* von 53° 40' entsprechen würde (Abb. 2). Danach würde sich Cattigara auf der Länge der Marquesas-Inseln befinden. Und der Große Golf des Marinus von Tyrus hätte eine fast siebenmal so große Ausdehnung wie derjenige des Ptolemäus, das heißt – immer unter Zugrundelegung von 500 Stadien für einen Grad – rund 5000 km. Das ist eine umso beachtlichere Entfernung, als der phönizische Geograph den Erdumfang um ein gutes Drittel reduzierte.

Jetzt verstehen wir auch, warum ein Golf, der bei Ptolemäus wesentlich kleiner erscheint als sein Nachbar, der Sinus Gangeticus (Golf von Bengalen), den Beinamen *Magnus* trägt. Nach Marinus kam er ihm durchaus zu. Ja, noch mehr, als dieser sich vorstellen konnte: Bei der Ostküste seines Großen Golfes handelt es sich um nichts Geringeres als um die Westküste Südamerikas.

Diese Schlußfolgerung stammt nicht von uns. Sie wurde, wie wir sehen werden, schon im 16. Jahrhundert gemacht, aber später wieder vergessen. In unserer Zeit war, soviel wir wissen, der argentinische Historiker Enrique de Gandía[2] der erste, der in zwei Sätzen die Hypothese aufstellte, daß „Ost-Indien“ nichts anderes als Amerika war.

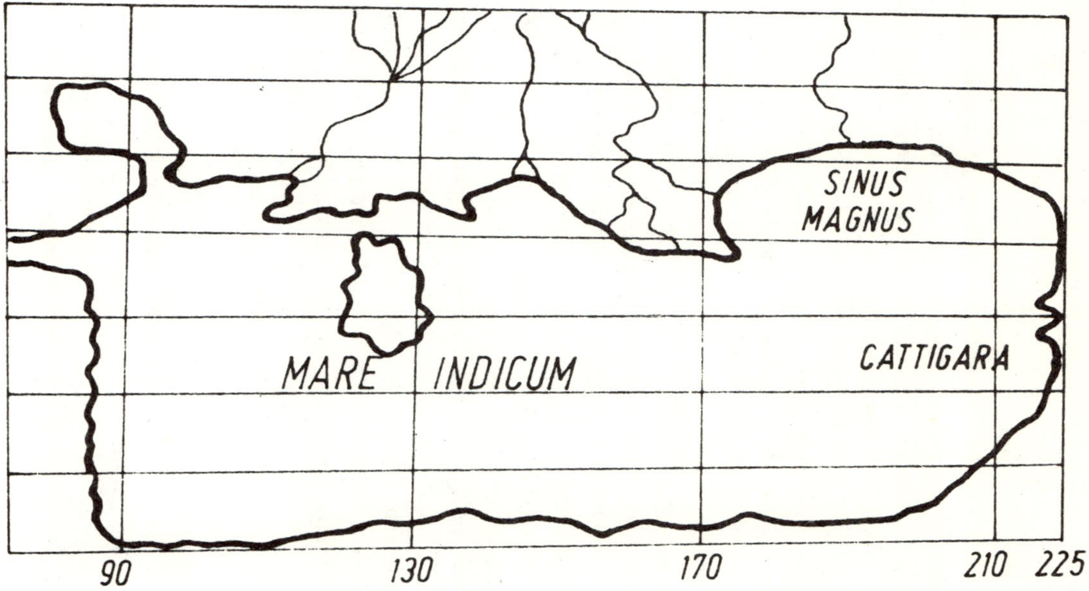

Abbildung 2
Weltkarte von Marinus von Tyrus. Skizze.

Die Idee wurde von seinem Landsmann Dick Edgar Ibarra Grasso[1] aufgenommen und weitergeführt, der sie sich – bei aller Loyalität gegenüber seinem Vorgänger – zueigen machte und sie, was noch wichtiger ist, bewies. Auf einer detaillierten Karte der „Geographie" des Ptolemäus von der geheimnisvollen Ostküste erscheinen tatsächlich auf Äquatorhöhe nördlich von Cattigara zwei deutlich ausgebildete Kaps, die einzigen Unregelmäßigkeiten in einer sonst gleichförmigen Linienführung. Ibarra Grasso stellte fest, daß diese beiden Landausbuchtungen auf der gleichen Breite an der Westküste Südamerikas tatsächlich vorhanden sind (Abb. 3).

Aber das ist noch nicht alles. Auf der Karte des Ptolemäus erscheint das Land Cattigara mit einer ansehnlichen Zahl von Ortsbezeichnungen. Einige von ihnen sind in lateinischer Sprache wiedergegeben (*Satyrorum Promontorium, Saenus Fl.* usw), wenn auch aus dem Griechischen übersetzt, so daß ihre ursprüngliche Form unbekannt ist, während andere (wie die Ortschaften Acathra, Aspithra, Brama, Rhabana, Caccoranagra, Cattigara u. a.) eindeutig indischen Ursprungs sind. Doch es gibt auch aufschlußreiche Namen. Einer von ihnen ist der eines Flusses, *Ambastus Fl.*, ein anderer derjenige einer Ortschaft, Sarata. Sie haben nicht nur eindeutig den Klang der Quichua-Sprache, sondern existieren auch heute noch unter diesen Bezeichnungen.

Zwei weitere finden wir auf einer detaillierten Karte, die der Weltkarte von Lopo Homem aus dem Jahr 1518 beigegeben ist (Bildtafel I). Wir werden uns noch weiter unten mit ihr beschäftigen. Der portugiesische Kartograph hält sich an die Linienführung des Alexandriners,

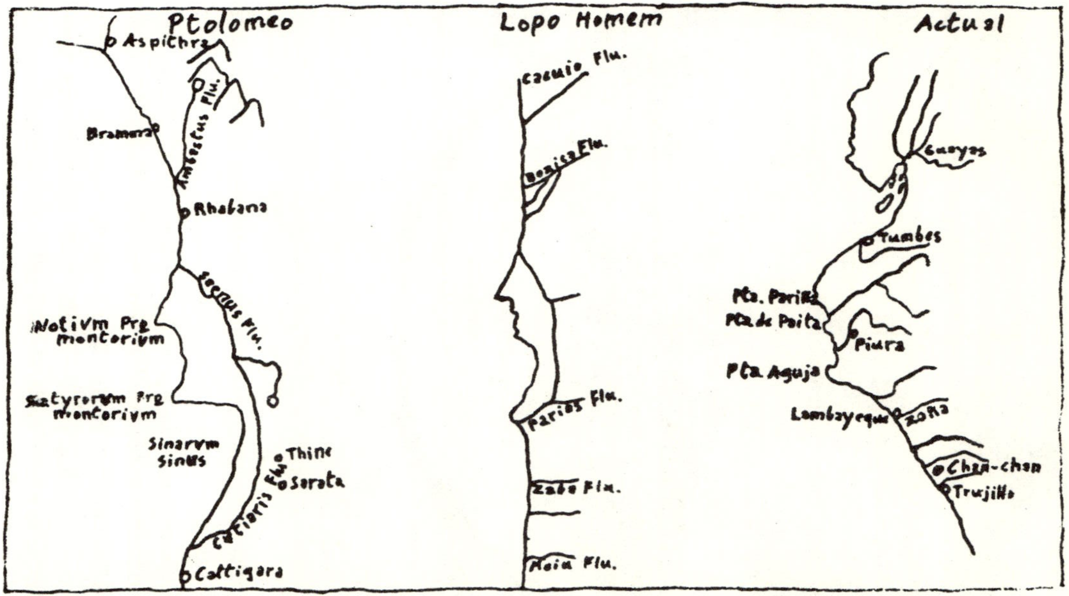

Abbildung 3

Die Küste von Cattigara nach Ptolemäus und Lopo Homem und die West-Küste Südamerikas. Skizze von Ibarra Grasso[3].

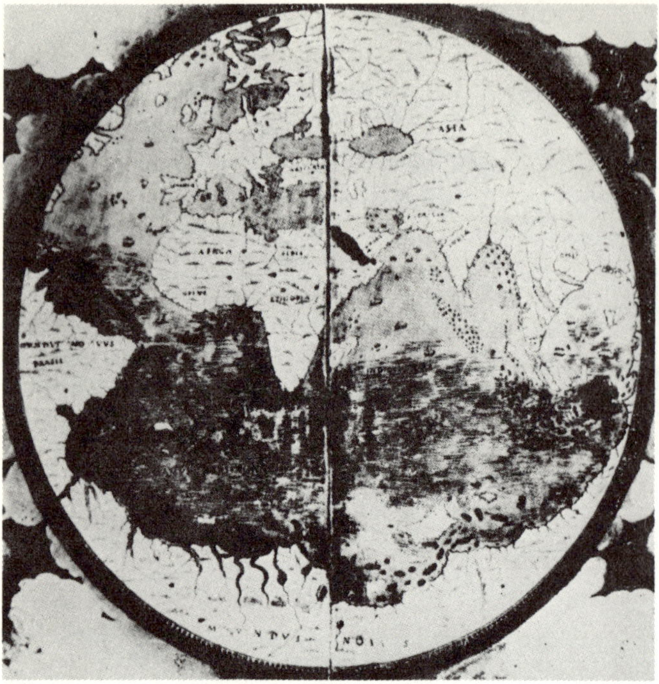

Bildtafel I
Weltkarte von Lopo Homem (1519)

verwendet aber andere Ortsbezeichnungen. Zwei Flüsse ziehen darauf unsere Aufmerksamkeit auf sich. Der Name des einen, *Bozica Fl.* im heutigen Kolumbien, erinnert auffällig an den weißen Gott Bóchica in der Muysca-Überlieferung. Der Name des anderen, *Maiu Fl.* in Peru, ist noch kennzeichnender. Denn *maiu* heißt in der Quichua-Sprache nichts anderes als Fluß.

Aus diesen Ortsbezeichnungen schließt Ibarra Grasso darauf, daß die Westküsten Amerikas in der Zeit des Marinus von Tyrus hauptsächlich von indischen Händlern aufgesucht wurden. Trotzdem bedeutet die Tatsache als solche nichts weiter, als daß die griechisch-römischen Seefahrer die Namen durch die Inder kannten. Jedenfalls haben wir guten Grund zu der Annahme, daß auch die Chinesen den Pazifik überquerten.

Auf der Ptolemäus-Karte (Abb. 3) erscheint südlich des *Satyrorum Promontorium* ein Golf, den es tatsächlich nicht gibt, und den der Geograph (oder sein Übersetzer) *Sinarum Sinus,* Golf der Chinesen, nennt. Auf der gleichen Höhe, aber landeinwärts, erscheint eine Stadt („Metropole", wie Ptolemäus sie nennt) mit dem Namen *Thinae.* Es ist zuweilen behauptet worden, es handele sich dabei um die Hauptstadt Chinas, wobei hinzugefügt wurde, daß sich der Name von der Tsin-Dynastie herleite. Man hat sich sogar zu der Behauptung verstiegen, Ptolemäus habe sich ganz einfach geirrt, indem er die chinesische Küste in südlicher statt in nördlicher Richtung verlaufen ließ. Das ist ein doppelter Widersinn: einmal bestand nicht die geringste Schwierigkeit, die Breite zu messen, und zum andern schließt die indische Ortsbezeichnung jeden Irrtum aus. Anderseits war der Name Thinae (manchmal auch Thina oder Cina) für eine Stadt in China oder für das ganze Land in West (Eratosthenes) und Ost (Kantilya, 300 vdZ) längst vor der Zeit der Tsin-Dynastie (225–206 vdZ) bekannt. Die wahrscheinlichste Hypothese ist die von Ibarra Grasso aufgestellte: das lateinische Wort Thinae oder Sinae (die Chinesen) ist von *Sinus* abgeleitet und bedeutet „die Golf-Bewohner". Thian und seine Abwandlungen Cina und Sina würden dann bedeuten: „das Land der Golfbewohner".

Im Rahmen dieser Hypothese würde die Erwähnung von Thinae und Sinarum Sinus an den Küsten des Landes Cattigara nichts anderes bedeuten, als daß es an dem bezeichneten Ort zu jener Zeit eine chinesische Bevölkerung gab. Das war umso weniger überraschend, als eine solche noch im vergangenen Jahrhundert vorhanden war. Die Mitglieder des chinesischen Einwanderungsstromes, der seit etwa 1850 nach Peru zu fließen begann, waren erstaunt, in Etén, einem kleinen Fischerdorf eben genau am Chinesen-Golf des Ptolemäus gelegen, „Indianer" anzutreffen, die sich nicht nur von den anderen unterschieden, sondern deren Sprache sie auch mühelos verstehen konnten[4]. Wir weisen ferner darauf hin, daß es der Stamm der Chimú mit seiner Hauptstadt Cha-Cha südlich des *Sinarum Sinus* ist, wo man die größte Menge von Spuren von asiatischem Kultur-Einfluß festgestellt hat.

Es bleibt noch das berühmte Problem von Fu-Sang. Der chinesische Geschichtsschreiber Li Yu, den wir dank dem Orientalisten Guignes seit dem 18. Jahrhundert kennen, hat uns die Geschichte des Bonzen Hoei Chin überliefert. Dieser sei im Jahr 499 unserer Zeitrechnung aus dem Land Fu-Sang nach China zurückgekehrt. Der buddhistische Priester habe berichtet, daß es sich um ein weit entferntes Land im Osten jenseits des Meeres handele, das seinen Namen einer Pflanze mit vielfachem Verwendungszweck verdanke: ihre Blätter werden, solange sie zart sind, gegessen wie die des Bambus; ihre roten Früchte ähneln der Birne; ihre Rinde liefert Fasern, aus denen man Stoffe für Kleider weben und Papier herstellen kann.

Die Bewohner von Fu-Sang kennen keinen Krieg. Sie leben friedlich in Häusern aus Holz, und ihre Dörfer sind nicht befestigt. Sie werden von einem König namens Y-Ki und einer Aristokratie regiert, die sich in drei Klassen teilt: die tui-lu, die kleinen tui-lu und die na-te-tcha. Sie haben eine eigene Schrift. Sie benutzen mit Ochsen, Pferden und Hirschen bespannte Karren. Diese letzteren werden gehalten wie die Rinder in China: Sie werden gemolken, und aus ihrer Milch macht man Käse. Es gibt Ochsen, die auf ihren langen Hörnern eine Last von 20 ho (zu je 450 kg) tragen können. Es gibt rote Birnen, die sich das ganze Jahr über halten, und Weintrauben im Überfluß. Kupfer wird vielfach bearbeitet und auch Gold und Silber, deren Wert gering geschätzt wird. Eisen ist unbekannt.

Hoei Chin schließt seinen Bericht mit der Schilderung einer Reise ab, die fünf buddhistische Mönche aus Samarkand im Jahr 458 nach Fu-Sang unternahmen, um dort ihre Religion zu predigen. Sie traten ihre Reise von der chinesischen Pazifikküste aus an und erreichten nach 12 000 Li (ein Li mißt 576 Meter) Japan, weitere 7000 Li nördlich Wen Chin, das Land der Aino, und in 5000 Li Entfernung von diesem das auf drei Seiten von Wasser umgebene Ta Hon. Schließlich gelangten sie nach einer Reise von 20 000 Li in östlicher Richtung nach Fu-Sang. 20 000 Li sind – auf dem Kuro Sivo-Strom – genau die Entfernung zwischen China und Kalifornien, wo die Maguey-Pflanze aus der Familie der Amaryllis-Gewächse *(agave atrovirens)* gedeiht, eine Pflanze, die vollkommen mit der Beschreibung des Bonzen übereinstimmt. Trotzdem gab es in der fraglichen Epoche keine Pferde in

Amerika, und weder der Bison noch irgendein Hirschtier (mit Ausnahme des Ren, aber dieses nur im äußersten Norden) wurde hier domestiziert.

Das sind jedoch Einzelheiten, die an Bedeutung verlieren, wenn man bedenkt, daß die Erzählung des Hoei Chin aus dem 5. Jahrhundert stammt und uns nicht direkt überliefert wurde. Es ist logischer, eine etwas ausgeschmückte Beschreibung zu akzeptieren, als eine Reise für erdacht zu halten, die uns mit äußerster geographischer Genauigkeit von Ländern berichtet, die es wirklich gibt, deren Existenz aber in Vergessenheit geriet.

Die Inder waren niemals große Seefahrer. Ptolemäus vermerkt, daß auf Ceylon und im Golf von Bengalen Schiffe von 3000 Amphoren, d. h. etwa 100 Tonnen, benutzt wurden, was als unzureichend erscheint, um damit nach Amerika zu gelangen. Aber wir wissen, daß die Schiffahrt zwischen Indien und Cathay mit riesigen chinesischen Dschunken betrieben wurde, die bis zu 3000 Tonnen hatten. So machte der buddhistische Mönch Fu Hian im Jahr 414 eine Reise von Java nach Kanton in einem Schiff, das außer seiner Fracht noch 200 Passagiere beförderte. Und Ibn Batuta reiste im Jahr 1330 von Kalikut nach China an Bord einer Dschunke, auf der er für sich und seine Lieblings-Sklavinnen über eine Kabine mit Bad und Ankleideraum verfügte. Der arabische Geograph berichtet uns von einem dieser gigantischen Schiffe, die 600 Mann Besatzung, 400 Soldaten und 300 Passagiere beförderten[1]. Wir wissen andrerseits, daß der Admiral Tscheng He in den Jahren 1405 bis 1431 sieben Übersee-Expeditionen ausrüstete, von denen eine mit 72 Dschunken und 17 000 Soldaten die Küsten Afrikas erreichte[5].

Die chinesischen Schiffe, die gelegentlich im Dienst indischer Händler standen, waren also in der Lage, eine Überquerung des Pazifik zu bewältigen. Marco Polo (1254–1324), der in dieser Beziehung nur von Gehörtem berichtet, erzählt uns, daß Schiffe „aus Zaiton und Guinsai“ Reisen von einem Jahr unternahmen, um auf den von Kannibalen bewohnten Inseln im Chinesischen Meer, „das Mangi umgibt“, aber sehr weit „vom Weg nach Indien“ entfernt ist, Gold zu suchen.

Diese geographischen Angaben des venezianischen Abenteurers sind so ungenau und widersprüchlich wie nur möglich. Man hat den Eindruck, daß er einmal von Japan spricht, wo es gewiß keine Menschenfresser gab, dann wieder von Insulinde, von welcher man schwerlich behaupten kann, es gäbe Gold „dort in solchem Überfluß, daß es ein Wunder ist“. Bei einem Land mit Kannibalen und großen Mengen Goldes in einer Entfernung von sechs Monaten Seereise von China aus kann es sich nur um Mexiko handeln. In der Tat liegt die Stadt Acathra auf der Karte des Ptolemäus genau auf der Breite von Teotihuacán.

Ein weiterer Teil des *Milione,* in dem Marco Polo – stets nach Gehörtem – die Insel Cipango beschreibt, legt uns jedoch eine andere Idee nahe. Es heißt dort: „Cipango ist eine im Osten gelegene Insel, etwa 1500 Meilen vom Festland, d. h. der Küste der Provinz Mangi, entfernt. Es ist eine sehr große Insel. Ihre Bewohner haben weiße Haut, gutes Aussehen und zivilisierte Sitten. . . Sie besitzen Gold in gewaltigem Überfluß, und die Minen, in denen sie es finden, erschöpfen sich nie. Ihr König läßt es nicht außer Landes gelangen, und das ist der Grund, warum die

Händler, die zu dieser Insel reisen, sehr wenige sind. Auch die Schiffe, die aus anderen Teilen der Welt dorthin gelangen, sind nicht zahlreich. Der außerordentliche Reichtum des Königspalastes, stellt – wie uns einige Personen berichteten, denen der Zutritt gestattet wurde – ein wunderbares Schauspiel dar ... Das ganze Dach wird von einer Platte aus feinem Gold bedeckt . . ., und die Decken jedes der Säle sind aus dem gleichen kostbaren Metall; viele Räume haben Tische aus purem Gold beträchtlicher Stärke, und die Verzierungen der Fenster sind aus Gold ... Wenn wir von diesem Meer sprechen (in dem sich Cipango befindet, Anm. d. Verf.), so müßt ihr wissen, daß es nur ein Teil des Großen Ozeans ist."
Die zivilisierten Japaner sind nicht von weißer Rasse, und ihre Inseln liegen 450 km vor den Küsten Chinas (und 100 km vor denen Koreas) und nicht 1500 Meilen. Auch sind sie nicht besonders reich an Gold. Sollte Marco Polo nicht Cipango einige der Charakteristika zugeschrieben haben, die ein entlegenes Land besaß, wo im 13. Jahrhundert zivilisierte weiße Menschen lebten, deren Tempel und Paläste mit purem Gold gedeckt waren? Es kann kein anderes als Peru sein.

Wir sind jetzt in der Lage, die beiden Seewege nachzuzeichnen, die im ersten Jahrtausend unserer Zeitrechnung bekannt waren, um von Asien nach Amerika zu gelangen. Der eine ist derjenige Alexanders, der nach dem angeführten Bericht des Marinus von Tyrus in Zabai begann und nach Cattigara gelangte. Tatsächlich wird jedes Schiff, das von Borneo aus in der angegebenen Richtung lossegelt, sogleich von der Äquatorial-Gegenströmung ergriffen und in gerader Richtung an die Küsten des heutigen Ekuador geführt. Ptolemäus verlegt Cattigara auf 8° 30' südlicher Breite, d. h. auf die Höhe von Chan-Chan. Hier führt eine Küstenströmung, die die Inkas für ihre Reisen mit dem Floß nach Panama benutzten, in nördliche Richtung bis zum Süden Mexikos, wo die Nordäquatorial-Strömung erreicht wird, die den Pazifik kreuzt und geradenwegs zu den Philippinen führt.

Der zweite Seeweg, derjenige des Hoei Chin, führt über Japan, Sachalin und die Halbinsel Kamtschatka. Von hier aus nimmt er leicht südliche Richtung und erreicht die Kuro Sivo-Strömung, die den Nord-Pazifik kreuzt und sich in südlicher Richtung im Kalifornien-Strom fortsetzt. Die Rückreise erfolgt, wie im vorhergehenden Fall, über den Nordäquatorial-Strom. Wir weisen hier darauf hin, daß die Seefahrer bei Fortsetzung ihrer Hinreise auf der Nordroute fast ständig Land auf der Backbordseite (links) sehen konnten, was ihnen den Eindruck vermitteln mußte, an den Küsten eines riesigen Golfes entlangzufahren: es war der *Sinus Magnus*. Dieser Eindruck war nahezu zutreffend, da ja Asien von Amerika nur durch die Beringstraße getrennt ist.

Wahrscheinlich kannten die Griechen und Römer den Weg nach Fu-Sang nicht. Ihr Warenaustausch mit China vollzog sich tatsächlich entweder mittels Karawanen, die die Erzeugnisse aus dem Reich des Himmels, besonders Seide und Baumwolle, nach Persien brachten, oder über ihre Faktoreien in Südasien, ganz besonders auf der Goldenen Halbinsel. Sie wußten natürlich, daß es möglich war, China entlang der Küste des *Sinus Magnus* in nördlicher Richtung zu erreichen. Wir besitzen in dieser Hinsicht das Zeugnis eines in Bereniza am Roten Meer ansässigen griechischen Händlers, der unter dem Titel *Periplous Maris Erithraei* ein Handbuch der Schiffahrt hinterließ, in dem er von dem „genau unter dem Großen Bären" gelegenen Seidenland berichtet. Aber er tut es nur nach dem Hörensagen: China ist sehr schwer zu erreichen, „und es sind sehr wenige, die dorthin gelangen"[1]. Während des ganzen Mittelalters tat man fast nichts anderes, als die „Geographie" des Ptolemäus zu wiederholen, deren gewöhnliche Ergänzung der *Periplous* darstellte. Das änderte sich erst, als die Araber den Platz der Griechen einnahmen und sich dauerhaft auf Insulinde einrichteten, von wo sie die Produkte Asiens, besonders Seide, Gewürze und das aus dem Brasilholz gewonnene Farbmittel nach Europa brachten. Ihre Geographen, die in Byzanz die Werke des Ptolemäus – einschließlich seines *Almagesto,* dem sie das Wesentliche ihrer Mathematik entnahmen – gefunden hatten, begannen also, äußerst genaue Informationen zu erhalten, sei es in Gestalt eigener Beobachtungen, sei es als Übermittlung von Kenntnissen, die im Lauf der Jahrhunderte von den gebildeten Seefahrern der indonesischen Inseln erworben worden waren. Als sie diese neuen Erkenntnisse auf die Weltkarte des Ptolemäus übertrugen, wurden ihnen sofort zwei Tatsachen klar: Sumatra und Borneo waren Inseln, die nicht zu Indochina gehörten; und das Land Cattigara gab es nicht, jedenfalls nicht dort, wo es der Alexandriner plaziert hatte. Das Ergebnis dieser Arbeit wird deutlich sichtbar auf der Karte, die der nubische Geograph arabischer Sprache El Edrisi im Dienst Rogers II., des normannischen Königs von Sizilien, im Jahr 1154 entwarf (Abb. 4). Darauf sehen wir im Osten Ceylons (Sarandib) eine

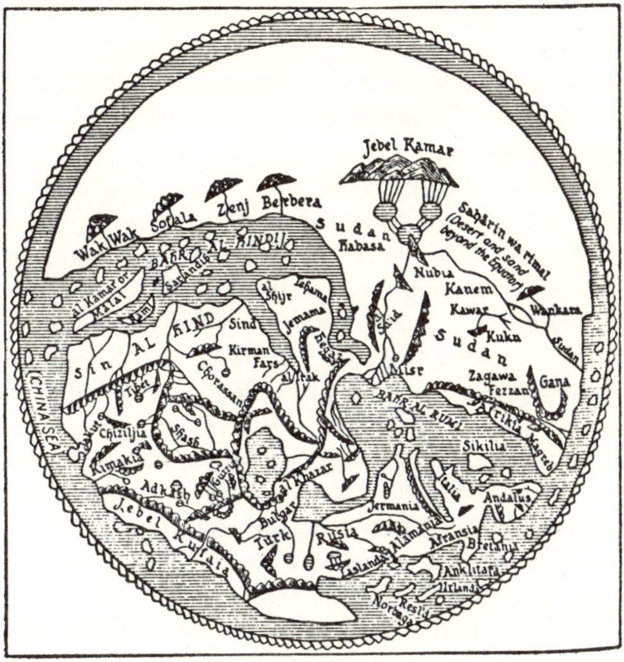

Abbildung 4
Weltkarte von El Edrisi (1154). Norden am unteren Rand der Karte.

Gruppe von Inseln, deren bedeutendste die Namen Ram und Al Kamar (oder Malal) tragen. Dieser Archipel stellt (übrigens sehr schlecht) Insulinde dar, ja er ersetzt ganz einfach die Goldene Halbinsel. Jenseits davon weitet sich der Indische Ozean zu einem Weltmeer, das die Gesamtheit der Erde umspült, einschließlich der *Terra Incognita* des Ptolemäus, die im Süden sich mit Afrika und China vereint, dessen Küsten hier erstmalig eingetragen sind.

Wir machen darauf aufmerksam, daß die Karte von El Edrisi nach chinesischer Art angefertigt ist, d. h. den Norden unten annimmt, so daß wir sie auf den Kopf stellen müssen, um sie mit derjenigen des Alexandriners vergleichen zu können.

Die Reisebeschreibungen des Marco Polo und des Nicolo dei Conti sollten bald die Auslegungen der arabischen Geographen bestärken, deren Einfluß bis zur Mitte des 15. Jahrhunderts anhielt. Die anonyme Weltkarte von 1457, die im allgemeinen Toscanelli zugeschrieben wird, und diejenige des Fra Mauro (1459) tun nichts anderes, als das Schema des El Edrisi wiederaufzunehmen und zu präzisieren. Mit anderen Worten: zwischen den Jahren 1154 und 1459 – um uns auf die Daten der erhaltenen Karten zu beschränken – leugneten die Geographen des Westens ganz einfach das Vorhandensein des Landes Cattigara. Und das obwohl das Werk des Ptolemäus, das ständig in unzähligen Abschriften reproduziert wurde, für die Europäer wie für Juden und Araber stets die Grundlage ihrer kosmographischen Wissenschaft, wie man sie damals nannte, geblieben war. Die Dinge änderten sich plötzlich im Jahr 1489.

In diesem Jahr erschien die Weltkarte des deutschen Geographen Henricus Martellus (Abb. 5). Wie auf den Karten des El Edrisi und seiner Nachfolger ist die Ökumene darauf vom Weltmeer umgeben. Aber der *Signus Magnus* des Ptolemäus nimmt wieder seinen alten Platz ein. Das Land Cattigara mit seiner Hauptstadt erscheint also wieder. Es handelt sich jedoch nicht mehr bloß um eine durch die *Terra Incognita* in südlicher Richtung bis Afrika verlängerte Küste. Der Ozean ist nach Süd und Ost

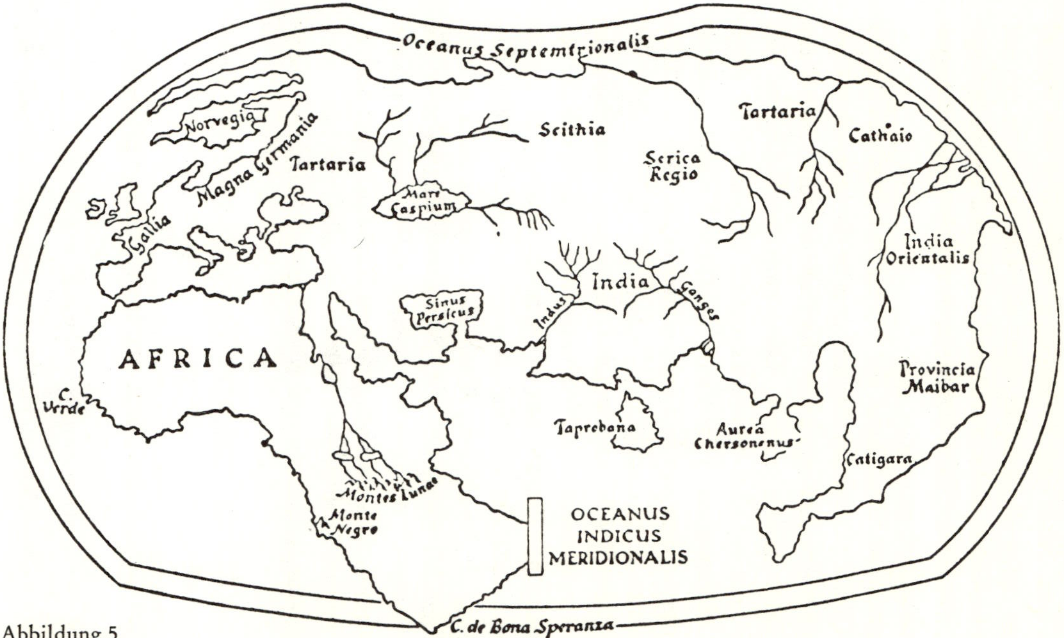

Abbildung 5
Weltkarte von Henricus Martellus (1489). Skizze nach Ibarra Grasso[3].

geöffnet. Aber unser Geograph macht aus der chinesischen Küste die östliche Seegrenze des Landes Cattigara. Dieses nimmt daher die Form einer gewaltigen Halbinsel an, die China nach Süden im Osten des Sinus Magnus fortsetzt, der so klein wie bei Ptolemäus bleibt*.

Professor Ibarra Grasso will in dieser Neugestaltung die Folge der – von der Druckkunst beflügelten – Wiedergeburt der Auffassungen des Alexandriners erkennen. Heinrich Hammer habe nichts anderes erstellt, als eine Art Synthese der scheinbar widersprüchlichen Angaben des Ptolemäus und des El Edrisi. Diese Auslegung befriedigt uns in keiner Weise. Abgesehen davon, daß die „Geographie“ zumindest seit Beginn des 12. Jahrhunderts den Spezialisten stets zugänglich war, erinnert die Form der nicht existierenden Riesenhalbinsel – und Ibarra Grasso gibt das mit der bei ihm gewohnten Loyalität zu – ganz außerordentlich an diejenige Südamerikas sogar einschließlich Feuerlands. Kann eine derartig exakte Darstellung reiner Zufall sein? Sollte es nicht vielmehr die Wiedergabe wirklicher, wenn auch unvollständiger Kenntnisse über Amerika sein? Wir können nicht anders, als uns dieses Problem stellen. Vor allem nachdem sich herausstellte, daß auf der Weltkarte von Martin Waldsee-

---

* Als wir an diesem Buch arbeiteten, erhielten wir von einem Artikel Kenntnis, den Paul Gallez unter dem „Titel „Les grands fleuves d'Amérique du Sud sur le ptolémée londonnien d'Henri Hammer (1489)“ 1975 in der deutschen Zeitschrift ERDKUNDE veröffentlichte. Der Verfasser weist darin mit vergleichenden Karten nach, daß Heinrich Hammer (nach Brauch der Zeit lateinisch: Henricus Martellus) auf der Weltkarte seines *Insularium illustratum* alle wichtigen Flüsse Südamerikas im Land Cattigara eingezeichnet hat.

müller (Bildtafel VII), mit der wir uns im Kapitel IV ausführlich beschäftigen werden, Feuerland von der Halbinsel durch eine (wenn auch in Nord-Süd-Richtung gezeichnete) Meerenge getrennt ist.

Obwohl schon die Toscanelli zugeschriebene anonyme Karte von 1457, die Indochina in entstellter Form wiedergibt, darauf hinwies, war es doch erst Henricus Martellus, der den „großen Irrtum" ganz deutlich machte, auf den Ibarra Grasso[3] als erster aufmerksam gemacht und den er analysiert hatte. Um den vorhandenen Karten die erst kürzlich im Abendland bekannt gewordenen Küsten Chinas hinzuzufügen, mußte man den *Sinus Magnus* nach Norden erweitern. Das war nicht möglich, ohne ihn in eine Art Fjord zu verwandeln, es sei denn, man hätte ihn in seiner wirklichen Breite, oder doch wenigstens derjenigen, die ihm Marinus von Tyrus gegeben hatte, dargestellt. Das schienen jedoch die kleinen Ausmaße des „Großen Golfes", wie Ptolemäus ihn gezeichnet hatte, nicht zuzulassen. Martellus sah daher keine andere Möglichkeit, als die unvollständige Karte des Ptolemäus um 40 Grad östlich von Cattigara zu erweitern. Danach schien es Martin Behaim mit seinem berühmten Globus von 1492 logisch, Indonesien jenseits von „Ost-Indien" zu verlegen, das heißt in den offenen Pazifischen Ozean, was ihm die Lage der Insel Java im *Sinus Magnus* des Alexandriners eigentlich hätte verbieten müssen. Dieser „große Irrtum" sollte es vielen Geographen unmöglich machen, die Linienführung Südamerikas, nach dem dieses einmal entdeckt war, in der mysteriösen Halbinsel zu erkennen. So treten denn in den ersten Jahren des 16. Jahrhunderts auf den Weltkarten die Halbinsel Cattigara und Südamerika

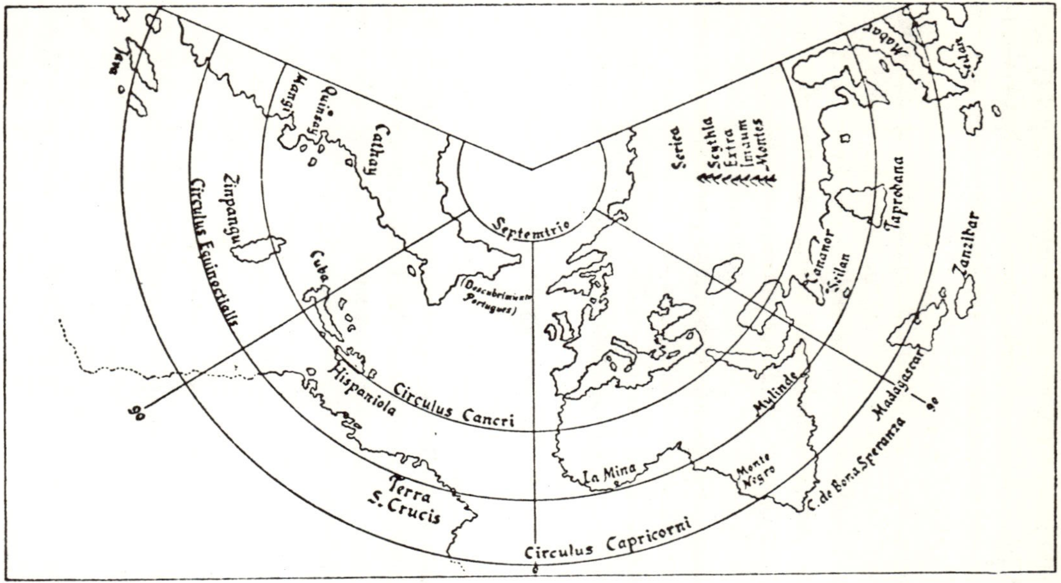

Abbildung 6
Weltkarte von Contarini (1506). Skizze nach G. R. Crone.

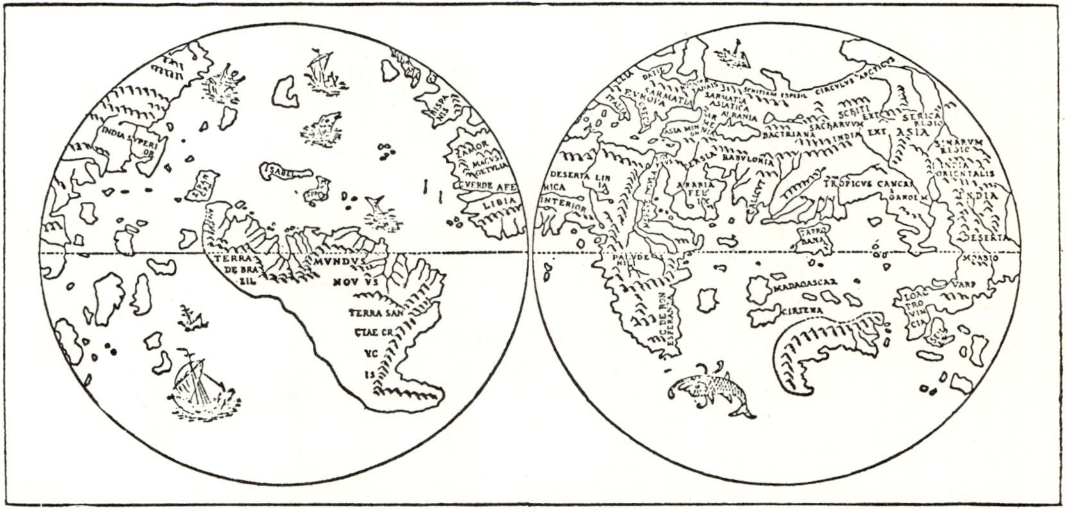

Abbildung 7
Weltkarte von Lenox (zwischen 1510 und 1520).

gemeinsam auf, obwohl es sich doch dabei um ein und dasselbe handelte. Die fraglichen Darstellungen sind diejenigen von Contarini im Jahr 1506 (Abb. 6), Waldseemüller 1507 (Bildtafel VI), Lenox etwa 1510-1520 (Abb. 7), Schöner 1515 (Abb. 8) und Apianus 1520 (Bildtafel V). Die Weltreise von Magallanes-Elcano im Jahr 1520

Abbildung 8
Globus von Johann Schöner (1515). Detail.

warf ihre Darstellungen mit dem Beweis über den Haufen, daß Ostindien nicht existierte, jedenfalls nicht dort, wo man es angenommen hatte.

In der Zeit, als die erwähnten Weltkarten entstanden, wurden in Portugal andere entworfen, die zwar in der Form altertümlich waren, sich aber der Wirklichkeit viel mehr annäherten. Ihr Ursprung war die Entdeckung einer javanischen Karte auf Insulinde, deren Original zwar bei einem Schiffbruch im Jahr 1511 verlorenging, die aber zuvor schon von einem Geographen der portugiesischen Marine, Francisco Rodriguez, kopiert worden war. Auch diese Kopie ging später verloren (erhalten blieben nur einige Nebenkarten), aber verschiedene zeitgenössische Geographen, deren Arbeiten heute noch existieren, hatten sich inzwischen daran inspiriert.

Auf diesen Karten wird der Indische Ozean wieder als geschlossenes Meer dargestellt, und die Küste von Cattigara nimmt erneut die Form an, die sie in der römischen Zeit hatte. Jedoch nicht diejenige des Ptolemäus, sondern die des Marinus von Tyrus (auch diese Feststellung verdanken wir Ibarra Grasso[3]). Ein Blick auf die detaillierte Karte des Pedro Reinel (Abb. 9) aus dem Jahr 1516 genügt zu der Feststellung, daß nicht nur Insulinde darauf im Westen von Cattigara eine nahezu richtige Lage einnimmt, sondern daß auch der *Sinus Magnus* eine Breite von 45 Grad (gegenüber nur 8 bei Ptolemäus) hat. Anderseits wird er viel tiefer dargestellt, sodaß er die Philippinen (unter der Bezeichnung *Malaque ins.*), Formosa und Japan (*Parioco ins.*) umschließt. Die Küste von Cattigara reicht bis zum 25. Grad südlicher Breite, und der Geograph identifiziert sie einwandfrei mit Südamerika, wie

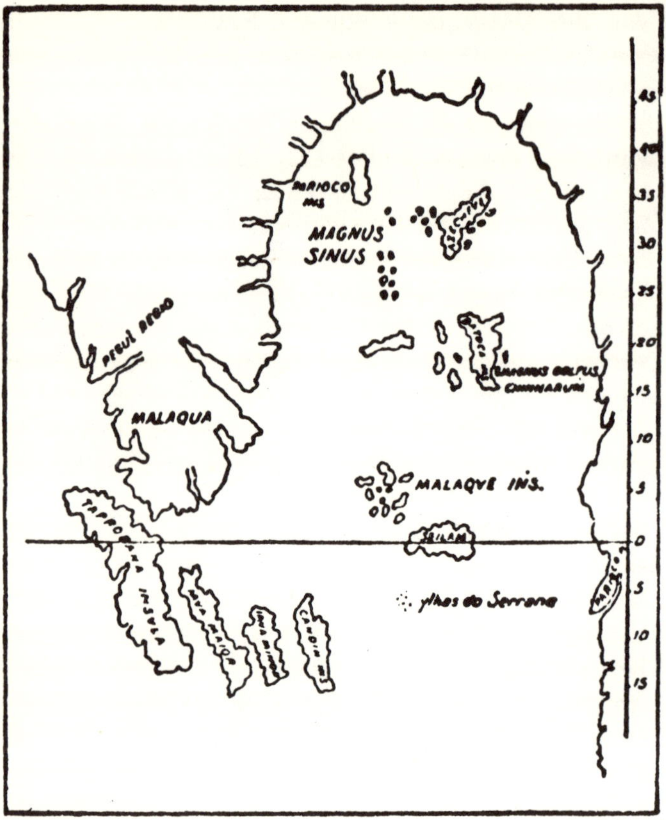

Abbildung 9
Der *Sinus Magnus* auf der Karte von Pedro Reinel (1516).
Skizze nach der *Enciclopedia* Treccani.

der leicht deformierte Name *Paria* an dieser Stelle beweist. Auf einer späteren Karte läßt Reinel den *Sinus Magnus* bis zum 45. Grad nördlicher Breite reichen, ohne ihn zu schließen. Als indirekte Fortsetzung sieht man im Osten eine gekurvte Linie, die deutlich die Küsten Nordamerikas darstellt.

Untersuchen wir die im Jahr 1519 von Lopo Homem entworfene Weltkarte (Bildtafel I). Auf ihr bilden der Indische und der Atlantische Ozean ein einziges geschlossenes Meer. Eine Nebenkarte (Bildtafel II) zeigt uns an der Küste Cattigaras die beiden schon von Ptolemäus verzeichneten Kaps (Abb. 3) mit der bereits oben erwähnten aufschlußreichen Ortsbezeichnung *Maiu Fl.* Es handelt sich also um Amerika. Diese Küste verlängert sich nach Westen mit der *Terra Incognita* des Ptolemäus (und des Marinus von Tyrus). Aber das fragliche Land im Süden, das auf dieser Karte viel weiter südlich gerückt ist als auf der des Alexandriners, vereint sich nicht mit dem (korrekt dargestellten) Afrika, sondern mit der Ostküste Südamerikas, die die doppelte Bezeichnung *Mondus Novus* und Brasil trägt. Das ist überraschend, denn wir schreiben das Jahr 1519, ein Jahr vor der Reise des Magallanes. Und die Einfahrt in die angeblich von diesem entdeckte Meerenge an der Südspitze des amerikanischen Kontinents ist deutlich eingetragen. Auf der nördlichen Halbkugel verbinden sich die Küsten Chinas mit denen Amerikas und Groenlands, das seinerseits mit Skandinavien vereint ist.

Lopo Homem nahm sich die javanische Karte zum Vorbild. Den Beweis dafür liefert uns die Weltkarte, die der türkische Geograph Piri Reis im Jahr 1513 zeichnete, und von der leider nur das westliche Drittel erhalten geblieben ist (Bildtafel III). Darauf sehen wir nicht bloß einen Teil Europas und Afrikas, sondern auch die mit China

Bildtafel II

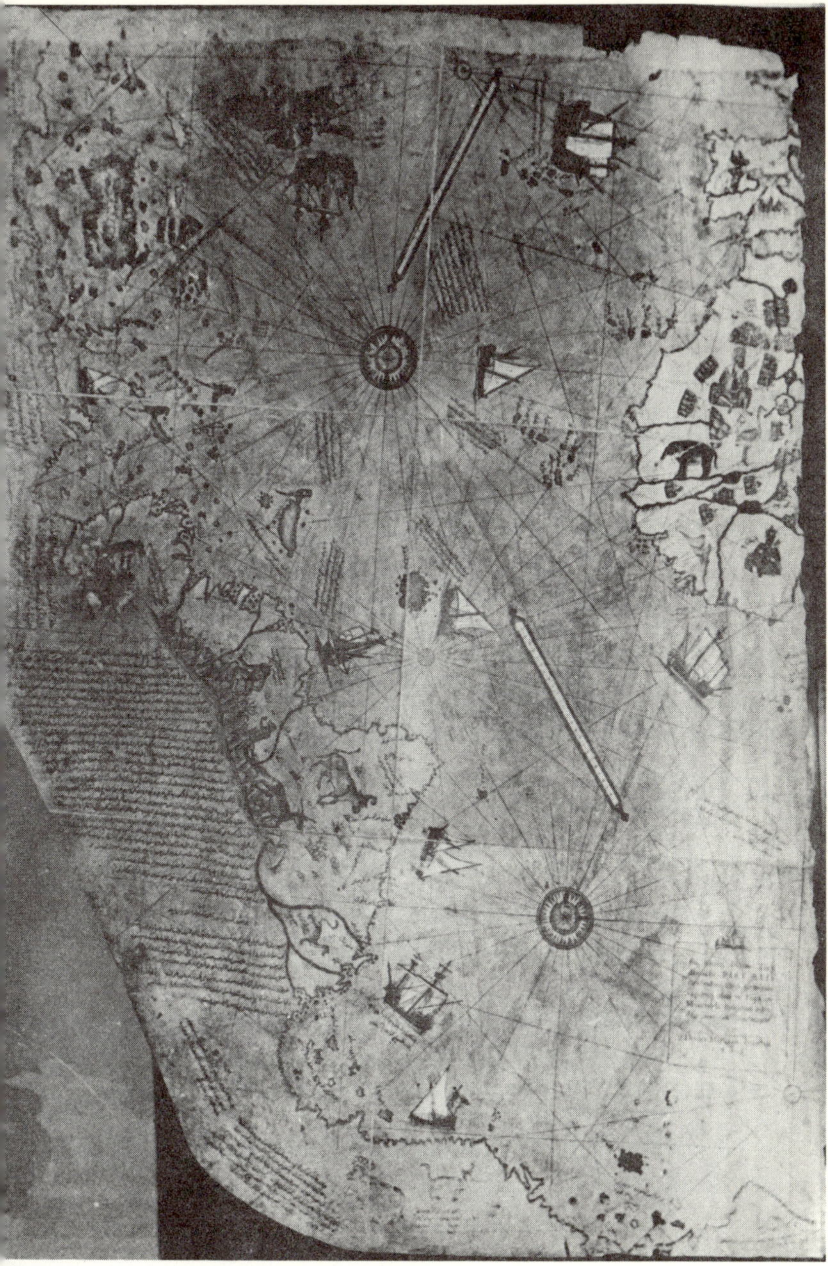

dtafel III
rte von Piri Reis (1513)

(Japan ist richtig eingezeichnet) verbundenen Küsten Nordamerikas und Südamerikas mit den Malwinen, aber ohne die südliche Meerenge. Die südliche Küste der „Neuen Welt" neigt sich nach Osten und verwandelt sich – weit im Süden des Kaps der Guten Hoffnung – in das gleiche Land des Südens wie auf der Karte von Lopo Homem. Das genügt für die Schlußfolgerung, daß die Auffassung, die Piri Reis von unserem Planeten hatte, identisch mit derjenigen des portugiesischen Geographen war. Die Küste von Cattigara mußte also seinen Indischen Ozean im Osten abschließen.

Der türkische Kartograph erklärt uns in seinen unzähligen Anmerkungen zu dem erhaltenen Teil seiner Weltkarte, daß er die Angaben zur Darstellung der Küsten Zentralamerikas von einem Matrosen des Kolumbus erhielt, der sein Sklave wurde. Seine Ortsbezeichnungen Südamerikas genügen zu dem Beweis, daß er über portugiesische Informationsquellen verfügte. Aber das Vorhandensein des nicht existierenden Landes des Südens wird nur erklärlich durch Zugang zu Karten griechisch-römischer Auffassung, die aufgrund der wirklichen Ausmaße Afrikas und der Westküste des Landes Cattigara abgeändert worden waren. In Byzanz hatte Piri Reis in die „Geographie" des Ptolemäus Einsicht nehmen können, nicht jedoch in das Werk des Marinus von Tyrus. Aber dieses mußte im südlichen Asien vorhanden sein, wohin es griechische Seefahrer gebracht haben dürften, was man von dem Werk des Alexandriners nicht annehmen kann, da es für Seefahrer, die weiter den *Sinus Magnus* befuhren, keinerlei praktischen Wert hatte. Also muß sich der türkische Geograph – wie einige Jahre später Lopo Homem – an der

javanischen Karte oder an anderen ähnlichen Arbeiten inspiriert haben.
Es bleibt die Frage offen, ob Piri Reis und Lopo Homem jeder für sich die gleiche Idee hatten, Afrika von Südamerika zu trennen und das Land des Südens der Griechen und Römer weit in den Süden zu verbannen, oder ob dieser Eingriff schon auf der javanischen Karte vorgenommen worden war. Was Afrika betrifft, hat diese zweite Hypothese viel für sich. Wir wissen, daß zu Beginn des 15. Jahrhunderts eine der Expeditionen des chinesischen Admirals Tschang Ho Äthiopien, wie Afrika damals genannt wurde, erreicht hatte, und zwar weit im Süden, da er bei seiner Rückkehr Giraffen mitbrachte[5]. Anderseits lebte auf Madagaskar eine malayische Bevölkerung, und diesen Seefahrern mußten die südlichen Küsten eines so nahen Kontinents bekannt sein. Schließlich befuhren die Araber, die seit Jahrhunderten mit Indonesien Handel trieben (wo sie sogar eigene Faktoreien besaßen), ständig die Ostküsten Afrikas. Ein Geheimnis bleibt also noch in Bezug auf Südamerika.
Beschränkten sich Piri Reis und Lopo Homem darauf, dem indonesischen Kartographen zu folgen, indem sie die *Terra Incognita* des Ptolemäus und des Marinus von Tyrus nach Westen verlängerten? Hatten sie getrennt die gleiche Idee? Oder kopierte der Portugiese den Türken? Im ersteren Fall mußte man annehmen, daß orientalische Seefahrer jener Zeit nicht nur Häfen des Landes Cattigara angelaufen, sondern daß sie dieses auch erforscht hätten, was durchaus nicht unmöglich ist. Aber wenn es so wäre, dann hätte die Einfahrt zur Magallanes-Straße im Atlantischen Ozean logischerweise auf der Karte des Piri

Reis und die Ausfahrt in den Pazifischen Ozean auf derjenigen des Lopo Homem erscheinen müssen, denn es wäre doch paradox, wenn die Asiaten die Ostküste Südamerikas besser als seine Westküste gekannt hätten. Es bleibt eine letzte Möglichkeit, die uns die wahrscheinlichste scheint: daß die javanische Karte in bezug auf das Land des Südens beiden Geographen als Modell gedient hat, daß aber Lopo Homem das ergänzende Detail der Meerenge aus europäischer Quelle erhielt. Das würde den von uns aufgezeigten Widerspruch erklären: unser Kartograph hätte die javanische Karte im Osten ganz einfach kopiert, sie jedoch im Westen verbessert, indem er wie Piri Reis die Küsten Südamerikas hinzufügte, die für ihn auch die Meerenge umfaßten, deren Existenz dem Türken unbekannt war. Nun, diese Meerenge war 1519 in Europa schon seit Jahren bekannt, wie wir sehen werden.

Doch zunächst wollen wir die Analyse der Karten wiederaufnehmen, auf welchen das Land Cattigara die Form einer riesigen asiatischen Halbinsel im Osten Indochinas annimmt. Wir blieben bei derjenigen des Apianus vom Jahr 1520 stehen. In diesem Jahr durchfuhr Magallanes die später nach ihm benannte Meerenge und gelangte nach den Philippinen, wo er starb. Elcano setzte die Reise fort und überquerte den ganzen Indischen Ozean. Weder dieser noch jener stieß auf das auf sämtlichen Weltkarten verzeichnete Land, das ihnen eigentlich den Weg hätte versperren müssen. Aber hatten die Spanier nach 1492 dies Land nicht getroffen und es durchquert, ehe sie in die Gebiete gelangten, wo es auf den Karten angegeben war? Kolumbus war über den Atlantik ins Reich des Großen Khan gelangt, und Südamerika war doch nur dessen Ver-

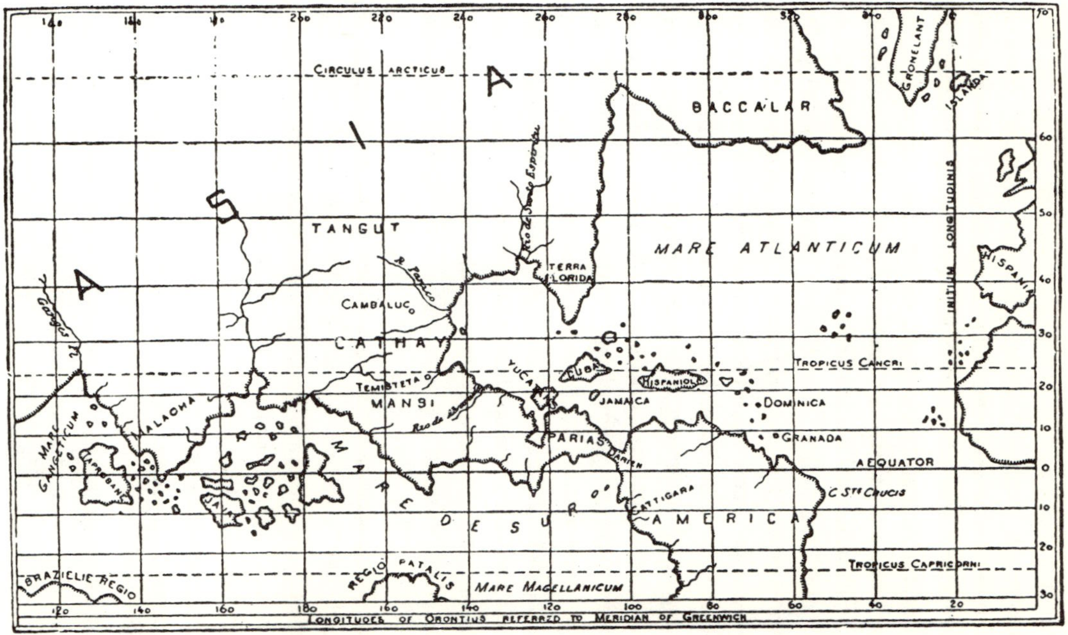

Abbildung 10
Globus von Orontius (1531). Detail.

längerung nach Süden. Das Land Cattigara existierte also, aber weiter östlich, als man glaubte. Das südliche Meer des Balboa war doch der *Sinus Magnus*, so daß wir diesen Namen auf einigen späteren Karten, wie der des Ortelius (Bildtafel X) von 1574, finden.

Nach einigen Jahren des Zweifels wurde diese Auslegung von der italienischen und französischen Schule akzeptiert. So kommt es, daß uns der Globus des Orontius (Abb. 10) vom Jahr 1531 leicht erkennbar die berühmte Halbinsel zeigt, jedoch jetzt nach Osten, statt nach Westen, geneigt und durch ein Südamerika verlängert, dessen Umrisse sich – zumindest bis zum 20. Grad südlicher Breite – seinen tatsächlichen annähern. Cattigara befindet sich dort, wo es Ptolemäus eingezeichnet hatte. Cathay und Mangi (China) liegen im Golf von Mexiko und im Antillen-Meer. Auf einer Nebenkarte zu einer Ausgabe der „Geographie" des Alexandriners aus dem Jahr 1548 (Abb. 11) ist der *Sinus Magnus* nach Norden erweitert, und China erscheint an seiner Westküste. 1571 erweitert sich der Große Golf auf der Karte des Francesco Basso (Abb. 12) beträchtlich. Statt die asiatische Küste, beginnend in Indochina, in nördlicher Richtung verlaufen zu lassen, zeichnet er sie als leicht gewölbten Bogen, der sich im Norden mit Kalifornien vereinigt. Zentral- und Südamerika sind der Zeit entsprechend korrekt gezeichnet, aber die Ostküsten Nordamerikas setzen sich in östlicher Richtung bis Grönland fort. Landeinwärts ist die Verwirrung vollkommen: Neu-Frankreich (Kanada) erscheint nicht nur als Anhängsel, sondern als Bestandteil Groß-Asiens oder Nord-Indiens. Ein derartiges Beharren auf einem Irrtum ist umso weniger begreiflich, als die deutsche Schule seit

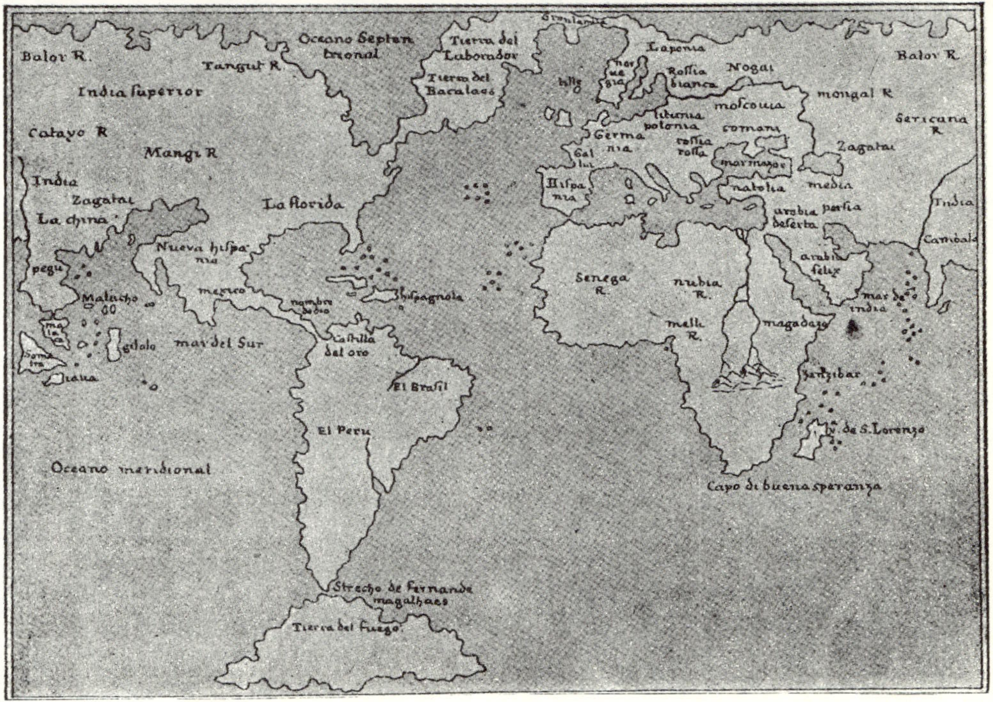

Abbildung 11
Weltkarte aus der „Geographie“ von Ptolemäus, Ausgabe von 1548.

Abbildung 12

Karte von Francesco Basso (1571), nach *Enciclopedia Labor*.

1507 Amerika als einen eigenen Kontinent konzipiert hatte.

Lassen wir einstweilen die „unmögliche Landkarte“ beiseite, die Martin Waldseemüller (Bildtafel VII) schon vor 1507 in Saint-Dié entworfen hatte. Wir werden sie eingehend im Kapitel IV untersuchen. Beschränken wir uns hier auf die Feststellung, daß sie Amerika als einen von Asien unabhängigen Kontinent darstellt und daß die Umrisse Südamerikas vom Golf von Mexiko bis zum Rio de la Plata vollkommen sind. Es fehlt jedoch die Magallanes-Straße – die Karte reicht nicht über den 40. Grad südlicher Breite hinaus. Anders auf dem 1515 fertiggestellten Globus von Johann Schöner (Abb. 8). Er zeigt noch die Halbinsel Cattigara, und Insulinde liegt im offenen Pazifik. Die „Neue Welt“ ist von Asien getrennt und in Mittelamerika durch eine nicht vorhandene Durchfahrt, von der damals alle Welt sprach, in zwei Teile gespalten. Nordamerika hat höchst reduzierte Ausmaße – warum, werden wir in Kapitel V sehen – aber Südamerika zeigt fast korrekte Umrisse, die durch den damaligen Stand offizieller Kenntnisse keineswegs gerechtfertigt sind. Die Ostküste ist vollständig, einschließlich derjenigen Perus (als *Terra Incognita* bezeichnet), das Pizarro erst im Jahr 1532 erreichen sollte. Der spanische Geograph Diego Ribero wird diese Gegend auf seiner Karte von 1529 noch als weißen Fleck erscheinen lassen (Abb. 13). An der Ostküste zeigt uns Schöners Globus mit einem tiefen Einschnitt auf 40 Grad südlicher Breite völlig zutreffend die Mündung des Rio de la Plata, die zu der Zeit von Juan Díaz de Solis noch gar nicht „entdeckt“ worden war. Fünf Grad weiter südlich trennt eine Meerenge den Kon-

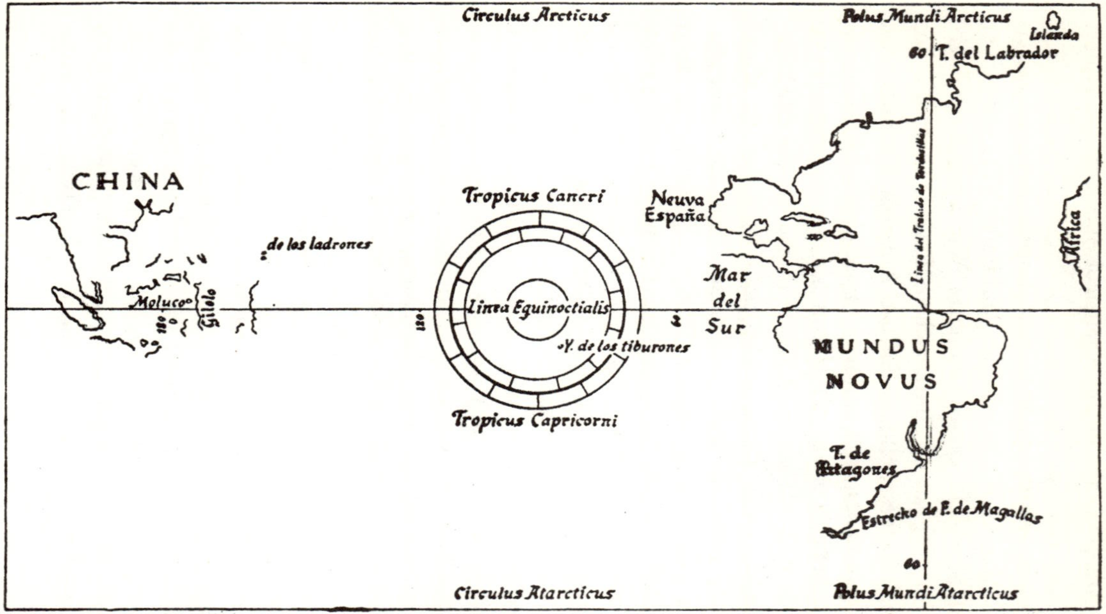

Abbildung 13
Karte von Diego Ribero (1529). Skizze nach G. R. Crone.

tinent von einer *Brasilie Regio* genannten enormen Landmasse, die sich von der Antarktis über Feuerland halbkreisförmig bis in den Pazifischen Ozean erstreckt. Es kann sich nur um ein Gebiet handeln, das Ptolemäus als Land des Südens angenommen hatte. Ein anderer Teil davon – möglicherweise Australien – taucht südlich von Insulinde auf. In Lothringen und Deutschland war also zu Beginn des 16. Jahrhunderts der Kontinentalcharakter Amerikas bekannt, und man wußte dort im Jahr 1515 schon, daß es im Süden Amerikas eine Durchfahrt gab, die gestattete, von Europa nach Indien auf der Ost-West-Route zu gelangen. Nun: diese Meerenge wurde von Magallanes erst 1520 „entdeckt"...

Auf dem bereits erwähnten Globus von Lenox (Abb. 7) – sein Entstehungsdatum ist ungewiß und wird zwischen 1510 und 1520 vermutet – verschwinden die Länder des Südens. Während Nordamerika sich zu einer kleinen rechteckigen Insel reduziert, bei der es sich möglicherweise nur um Mittelamerika handelt, wird Südamerika (weniger genau als bei Schöner) als gesonderter Kontinent unter dem Namen *Terra Sancta Crucis* dargestellt, den die Portugiesen dem heutigen Brasilien gegeben hatten. Aber an der Pazifik-Küste, unmittelbar unterhalb des Äquators, das heißt dort, wo Ptolemäus Cattigara angenommen hatte, lesen wir *Terra de Brasil.* Das Wort kommt von einem Farbholz, das es nur auf Insulinde und in der Äquatorzone Amerikas gibt. Während des Mittelalters war dies begehrte Holz, zu Mark oder Pulver verarbeitet, eines der Produkte, das die Araber aus Indonesien nach Europa brachten. Seit etwa 1510 importierten die Portugiesen es aus dem Amazonasgebiet. Wer konnte zu

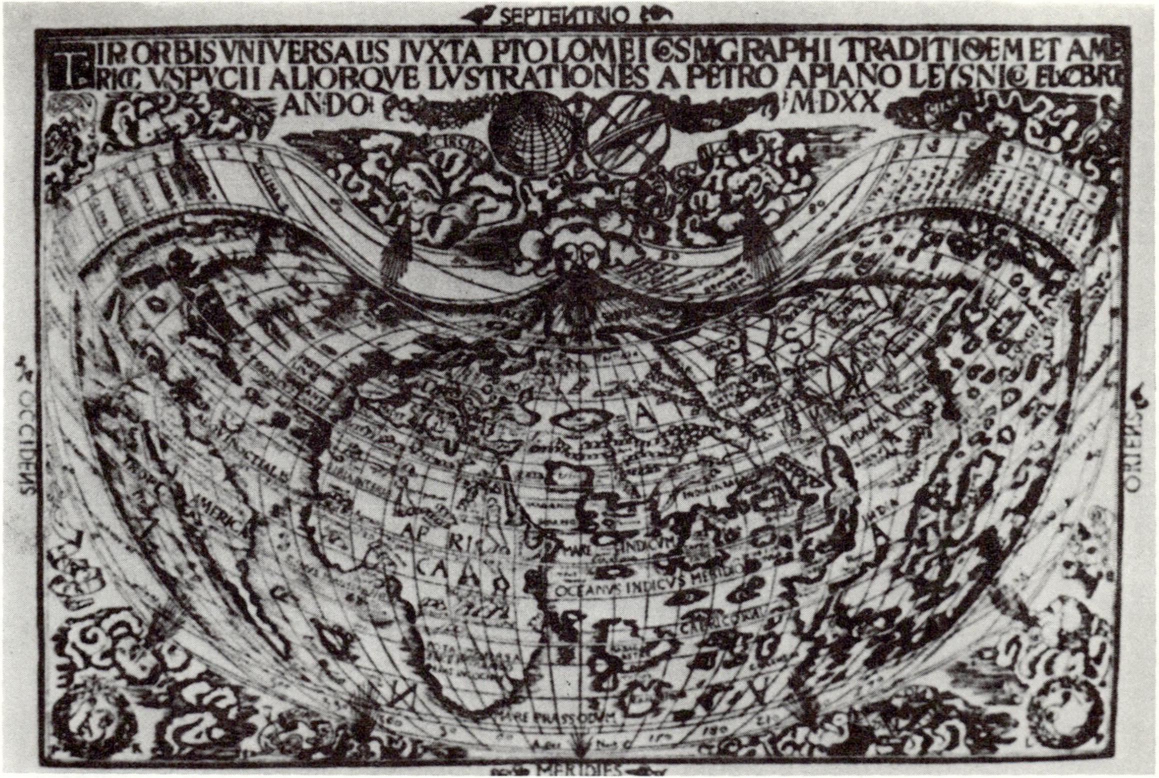

Bildtafel IV·

Beginn des 16. Jahrhunderts in Verbindung mit dem Königreich Quito an Brasilholz denken? Sollen wir annehmen, daß die arabischen Händler das Land Cattigara kannten – was gar nicht ausgeschlossen ist – und von dort direkt oder unter Vermittlung asiatischer Seefahrer Farbhölzer importierten? Das wäre nicht sehr logisch, da das Brasilholz auf den östlichen Inseln des Indischen Ozeans im Überfluß vorhanden war. Oder besaßen die Geographen Nordeuropas vielleicht andere Informationsquellen? Beschränken wir uns im Augenblick darauf, diese Frage zu stellen.

Die letzte der vor des Magallanes Reise erschienenen Karten, die erhalten geblieben ist, wurde 1520 von Apianus entworfen (Bildtafel IV). Vielmehr wurde sie kopiert, denn sie beschränkt sich darauf, die Weltkarte Waldseemüllers wiederzugeben. Nur in einem Punkt weicht sie von dieser ab: der Süden Amerikas ist von Meer umgeben. Es folgt im Jahr 1529 die Karte von Diego Ribero (Abb. 13), auf der ganz Amerika von Asien durch einen Pazifischen Ozean in korrekter Ausdehnung getrennt ist, freilich ohne die amerikanischen Westküsten einzutragen, die auf Äquatorhöhe abbrechen. Die Magallanes-Straße ist angegeben, aber Feuerland wird auf einen kleinen Teil seiner Nordküste beschränkt. 1540 zeigt uns Sebastian Münster (Abb. 14) ein Nordamerika, das die damaligen spanischen Besitzungen, Kalifornien und Florida, Francisca (das heutige Quebec) und die Insel Neufundland zeigt sowie ein vollständiges, wenn auch ziemlich mangelhaft dargestelltes Südamerika. Im Nordwesten erscheint der Kontinent zum ersten Mal von Asien durch eine Meerenge – die heutige Bering-Straße – getrennt. Im

Abbildung 14
Karte von Sebastian Münster (1546).

Süden erinnert ein gewaltiges Feuerland, das offenbar noch weit über den unteren Kartenrand herausragt, an das alte Land des Südens, das unter diesem Namen noch im Jahr 1587 auf der Karte des Ortelius (Bildtafel X) erscheint, und sogar 1595 auf derjenigen des Mercator (Bildtafel XI). Nordamerika nimmt auf diesen Weltkarten, obwohl deformiert, einen der Wirklichkeit relativ nahen Umfang an. Dagegen zeichnet Mercator ein nur schwer zu erkennendes Südamerika.

Welche Schlußfolgerungen können wir aus dieser Analyse ziehen? Zunächst, daß die Alten, wenigstens in den ersten Jahrhunderten unserer Zeitrechnung, die Westküste Südamerikas kannten, und daß sie hier einen Hafen anliefen, den sie der indischen Ortsbezeichnung entsprechend Cattigara nannten, obwohl es sich in Wirklichkeit um Chan-Chan handelte, die Hauptstadt des Chimú-Reiches, dessen Kultur eine unbestreitbar asiatische Ausprägung erfahren hatte. Sie glaubten jedoch, daß diese Küste den Indischen Ozean im Osten abschlösse und China mit einem Land des Südens *(Terra Australia)* verbände, das seinerseits in den afrikanischen Kontinent überginge. Das Land Cattigara war Amerika. Daran ist nicht der geringste Zweifel erlaubt, seit der Professor Ibarra Grasso die geographische und ortskundliche Identität der fraglichen Küste mit derjenigen nachwies, die in unseren Karten von der „Neuen Welt“ erscheint.

Im Mittelalter war jedoch das einzige kartographische Zeugnis, das über die griechisch-römische Schiffahrt im Pazifik existierte, die Weltkarte, auf der Ptolemäus das Land Cattigara sehr nahe bei der Goldenen Halbinsel plazierte, indem er den *Sinus Magnus* des Marinus von

Tyrus irrtümlich verkleinert hatte. Als die Araber im 12. Jahrhundert das Land Cattigara nicht mehr finden konnten, ließen sie es auf ihren Karten ganz einfach weg. Die Europäer dagegen stützten sich auf die Erzählungen des Marco Polo und des Nicolo dei Conti und machten aus Cattigara ein zweites Indochina, dessen Form jedoch eine offensichtliche Ähnlichkeit mit derjenigen Südamerikas hatte, was die damals offiziell bekannten Daten uns nicht zu erklären gestatten. Auf den italienischen und einigen anderen Karten hielt sich diese nicht vorhandene Halbinsel bis zur Reise des Magallanes, um sich später in ein Südamerika zu verwandeln, das mit China verbunden und nach Osten gerichtet war. Die portugiesische Schule dagegen kehrte aufgrund der im Jahr 1511 kopierten javanischen Karte zu der Auffassung des Marinus von Tyrus zurück, verband aber das Land des Südens nicht mehr mit Afrika, sondern – wie auch der Türke Piri Reis – mit Südamerika, als dessen westlichen Teil man also das Land Cattigara betrachtete. Die deutsche Schule schließlich wußte dank der „unmöglichen Karte“ von Waldseemüller schon im Jahr 1507, daß Amerika ein unabhängiger Kontinent war, und 1515, daß eine Meerenge im Süden erlaubte, von dem Atlantischen in den Pazifischen Ozean zu gelangen.

Wir sehen uns also Daten gegenüber, die aus zwei verschiedenen Quellen stammen. Die einen wurden, später von Ptolemäus entstellt, von den Griechen und Römern im Orient gesammelt und in Indonesien aufbewahrt, wo sie die Portugiesen wiederentdeckten. Die anderen, westlichen Ursprungs, tauchen zu Beginn des 16. Jahrhunderts plötzlich in Nordeuropa auf. Die ersteren lassen die Geographen nach den Entdeckungen des Kolumbus Südamerika unter Schwierigkeiten mit einem Land Cattigara identifizieren, das weiter lediglich als eine Fortsetzung Asiens erscheint. Die letzteren dagegen lassen mit einem Schlag einen neuen Kontinent erscheinen, dessen südliche Hälfte einschließlich der später nach Magallanes benannten Meerenge schon seit dem Jahr 1515 nahezu vollkommen dargestellt wird.

Dank dem Professor Ibarra Grasso ist das Rätsel des Landes Cattigara gelöst. Wir haben jetzt noch das Geheimnis des Landes des Westens zu lüften.

Zweites Kapitel

JENSEITS DES FINSTEREN MEERES

Wenn man die Kugelförmigkeit der Erde als gegeben voraussetzt, wie das die Alten zumindest seit dem 3. Jahrhundert vor der Zeitwende taten, kommt man um eine Reihe naheliegender Schlußfolgerungen nicht herum, von denen uns hier eine besonders interessiert: Jeder Reisende, der sich in genau der gleichen Richtung bewegt, welche und wo auch immer auf unserem Erdball es sei, muß auf seinen Ausgangspunkt zurückkehren. Es ist also möglich, auf der Ost-West-Route nach Indien zu gelangen. Was uns also immer wieder als eine geniale Entdeckung des Florentiner Geographen Toscanelli im 15. Jahrhundert vorgehalten wird, wußten die Griechen und Römer tatsächlich schon längst. Die Texte, die das beweisen, gehen noch viel weiter.

„Wer meint", sagt Aristoteles[7], „daß der Ort, an dem die Säulen des Herkules liegen, mit dem davorliegenden indischen Gebiet verbunden ist, und also versichert, daß es ein einziges Meer gibt, scheint nichts sehr Unwahrscheinliches zu sagen"*. In einem anderen Werk präzisiert der

* Der Großteil der Zitate dieses Kapitels ist dem Werk Alexander von Humboldts „Christoph Kolumbus und die Entdeckung Amerikas" entnommen. Aber wir haben sie aus den griechischen oder lateinischen Originalen oder in einigen Fällen – Cosmas, El Edrisi – aus lateinischen Übersetzungen der Originaltexte übersetzt.

Stagirite, daß das Weltmeer nicht notwendigerweise bloß als eine Ausdehnung von Wasser betrachtet werden muß: „Der Sprachgebrauch der Menschen hat die bewohnte Erde in Inseln und Kontinente eingeteilt, zweifellos in Unkenntnis der Tatsache, daß sie in ihrer Gesamtheit eine von den Wassern des Atlantik umgebene Insel ist. Aber es ist wahrscheinlich, daß es durch das Meer voneinander getrennte sehr weit entfernte Länder gibt, einige größer als unseres, andere kleiner, von denen sich jedoch keines in Reichweite unserer Blicke befindet." Der leichte Zweifel, der demnach noch bleibt, schwindet, wenn unser Philosoph schreibt[9]: „Wegen des Meeres scheinen die Länder jenseits Indiens und der Säulen des Herkules nicht in der Weise miteinander verbunden zu sein, daß ihre Gesamtheit ein zusammenhängend bewohnbares Land bildet." Zwischen den westlichen Küsten Eurafrikas also und den Küsten Asiens gibt es verschiedene Kontinente, die vom Meer umgeben sind wie der unsere.

Der griechische Geograph Strabon (63 v bis 20 ndZ) wird noch deutlicher: „Wenn sich also (wie Eratosthenes sich bemüht, uns zu überzeugen) nicht die ungeheure Ausdehnung des Atlantischen Meeres widersetzte, könnten wir auf dem gleichen Breitengrad von Spanien nach Indien fahren... Wir nennen bewohnte Erde diejenige, auf der wir wohnen und die wir kennen. Aber es kann in der gleichen gemäßigten Zone zwei bewohnte Erden und noch mehr geben, besonders auf dem Erdkreis, der über Thinae und das Atlantische Meer verläuft." Hier steht Thinae für China selbst – an anderer Stelle wird der Breitengrad „von Rhodos und Thinae" erwähnt – und nicht für die Stadt, die Ptolemäus in das Land Cattigara verlegte.

Im II. Band besteht Strabon auf dem möglichen Vorhandensein eines Kontinentes zwischen Ost-Asien und West-Europa: „Einen genauen Begriff von den sonstigen Teilen des Globus (d. h. der Länder des Südens, Anm. d. Verf.) oder sogar der Gesamtheit dieses Wirbels oder dieser Zone zu geben, von der wir gesprochen haben (der südlichen Zone, welcher der Geograph die Form eines Wirbels beimißt, Anm. d. Verf.), ist Sache einer anderen Wissenschaft wie auch die Untersuchung der Frage, ob das andere Viereck des Wirbels ebenso bewohnt ist wie dasjenige, auf dem wir uns befinden. Nehmt getrost an, es sei so, wie es die Wahrscheinlichkeit gebietet: es muß ja nicht durch Menschen unseres Ursprungs sein, und dieses bewohnte Land muß daher von dem unseren verschieden sein."

In Rom finden wir bei Seneca (um 4 v bis 65 ndZ.) einen Satz, der die Möglichkeit, den Ozean zu kreuzen, verkündet: „Wie groß ist die Entfernung, die Indien von der äußersten Küste Spaniens trennt? Sehr wenige Tage Schifffahrt, wenn der Wind das Schiff treibt." In seiner Tragödie „Medea" geht der Philosoph noch weiter[12]:

Nil, qua fuerat sede, reliquit
Pervius orbis.
Indus gelidum potat Araxem.
Albim Persae Rhenumque bibunt.
Venient annis saecula seris
Quibus Oceanus vincula rerum
Laxet, et ingens pateat tellus,
Thetysque novos detegat orbes,
Nec sit terris ultima Thule.

„Auf dieser zugänglichen Welt bleibt nichts an seinem Ort. Der Inder trinkt das Wasser des eisigen Araxes (Aras), die Perser das der Elbe und des Rheins. Es werden Jahrhunderte kommen, in denen der Ozean seine Schranken öffnet und neue Länder erscheinen. Tethys wird neue Welten entdecken, und Thule wird nicht mehr das fernste der Länder sein.“ Niemand wie Seneca hat so sehr den Namen *vates* verdient, mit welchem lateinischen Wort die Römer ihre Dichter und Propheten in gleicher Weise bezeichneten.

Macrobius[13] nimmt um die Wende vom 4. zum 5. Jahrhundert unserer Zeitrechnung das Bild auf, das sich die Alten kurz vor der Zerstörung des Imperiums von der Welt machten. Er präzisiert: „Wir werden jetzt, wie versprochen, zeigen, daß der Ozean die Erde nicht nur in einem, sondern auch noch in einem anderen Sinne umgibt ... Der erste Gürtel, den er um unseren Globus bildet, erstreckt sich durch die heiße Zone in der Richtung der Äquinoktiallinie, und zwar rund um die ganze Welt. Nach Osten teilt er sich in zwei Arme, von denen der eine sich nach Norden, der andere nach Süden richtet. Diese gleiche Teilung der Wasser erfolgt auch nach Westen, und diese beiden Arme treffen sich mit denjenigen, die von Osten ausgehen ... Der Ozean, der der vom Äquator gezeichneten Linie folgt, und seine Arme, die sich nach dem Horizont wenden, teilen den Globus in vier Teile, die ebenso viel Inseln bilden ... zwei in der oberen und zwei in der unteren Erdhälfte.“ Mit anderen Worten: Macrobius behauptet das Vorhandensein des amerikanischen Doppelkontinents, dessen obere Hälfte Ostasien von Europa, die untere es von Afrika trennt.

Sind all diese Texte, die wir soeben kurz zitiert haben, bloß wissenschaftliche Ableitungen oder stützen sie sich, wenn nicht auf Tatsachen, so doch wenigstens auf Überlieferungen in Bezug auf die unbekannten Länder des Atlantik? Es gibt natürlich den Mythus, den Platon in zwei seiner Gespräche (Timaios und Kritias) aus einem zwei Jahrhunderte zuvor von Solon geschriebenen und verlorengegangenen Gedicht entnommen hat. Sein Inhalt ist bekannt: Eine gewaltige Insel im Westen der Säulen des Herkules, Atlantis, geht bei einer Weltumwälzung plötzlich unter, und ihre höchst zivilisierte Bevölkerung überfällt die Länder des Mittelmeeres. Als Pastor Jürgen Spanuth in der Nordsee die versunkenen Ruinen von Basileia, der Hauptstadt der Atlanter, entdeckte, bewies er schlüssig, daß weder Solon noch Platon die Sache erfunden hatten, obwohl der letztere die Geschichte, die dem ersteren von ägyptischen Priestern berichtet worden war, in beträchtlich entstellter Form wiedergab. Aber der platonische Mythus hat nichts mit den Ländern des Westens zu tun, denn er gründet sich auf den Überfall, den die skandinavischen Hyperboreer um 1200 vdZ auf Ägypten durchführten.

Von diesem Gesichtspunkt aus sehr verschieden ist ein anderer geographischer Mythus, den wir Plutarch[14] verdanken. Er bezieht sich auf einen μεγάαη ημειϱς, einen großen Kontinent jenseits der Säulen des Herkules. Um ihn zu erreichen, muß man fünf Tage lang von den Britischen Inseln aus in westlicher Richtung fahren. Dann stößt man auf die Insel Ogygia. Nach drei weiteren Tagen Reise in Richtung auf die untergehende Sommersonne, d. h. also nach West-Nordwest, erreicht man die drei

Saturn-Inseln. Weiter, aber nicht ganz so weit wie von der Insel Ogygia, befindet sich der vom Chronianischen Meer umgebene große Kontinent. Seine Bewohner kennen uns, glauben aber, wir lebten auf einer Insel. Zwischen Ogygia und dem Kontinent liegt eine Entfernung von 5000 Stadien. All dies weiß man durch einen Ausländer, der von jenseits des Ozeans nach Karthago – dem römischen Karthago – kam.

In einem anderen Werk[15] fügt Plutarch seinem Bericht eine kennzeichnende Einzelheit hinzu: „Die Überfahrt über das Chronianische Meer ist langwierig durch die Wassermassen der Ströme, die von dem großen Kontinent herabfließen und das Meer lehmig und dickflüssig machen." Besser als auf das Sargassomeer, an das man denken könnte, paßt die Beschreibung auf die von Untiefen umgebene versunkene Hauptstadt der Atlanter. Aber die Gegend, die Plutarch beschreibt, befindet sich viel weiter westlich und nördlich: auf den vorgelagerten Inseln verschwindet die Sonne während eines Monats nur für eine Stunde unter dem Horizont, ohne daß es in dieser Zeit je ganz dunkel wird. Handelt es sich um das nördliche Amerika, das heutige Kanada, das die Hyperboreer lange vor ihren Nachfahren, den Wikingern, aufsuchten? Ortelius war im 16. Jahrhundert davon überzeugt. Was diese Auslegung bestärkt, ist, daß wir den gleichen Mythus in kaum abgewandelter Form in einem verlorengegangenen Werk des Alexandriners Theopompo antreffen, in seinem *Liber admirabilis*, das Dionys von Halikarnassos zitiert und lobpreist und das Strabon lächerlich macht. Der große Kontinent Meropia liegt jenseits des Ozeans. Er wird von einer Rasse von Riesenmenschen bewohnt, die sehr lange leben. Seine Einrichtungen und Gesetze sind den unsrigen genau entgegengesetzt. Es gibt dort mehr Gold als Eisen bei den Griechen. Eines schönen Tages beschlossen die Meroper, unsere kleine Insel zu besuchen. Sie kamen in das Land der Hyperboreer, waren aber durch deren Lebensart so enttäuscht, daß sie zurückkehrten, ohne ihre Reise fortzusetzen.

Alle Mythen der Antike haben in ihrem Ursprung einen gewissen Wirklichkeitsgehalt. Troja und Basileia wurden wiedergefunden. Man weiß aus den Reliefs und Inschriften des ägyptischen Tempels von Medinet-Habu, daß die „atlantischen" Hyperboreer tatsächlich die Völker des Mittelmeers angegriffen haben. Können wir unter diesen Umständen Berichte ohne weiteres zurückweisen, die von einem großen Kontinent sprechen, wenn dieser sich tatsächlich an der angegebenen Stelle befindet?

Das wäre um so schwieriger, als sich den erwähnten Mythen eine ganze Reihe von Zeugnissen aus historischer Zeit anschließt. Das erste davon finden wir in einem Traktat[16], das lange Zeit dem Aristoteles zugeschrieben wurde, das aber nicht aus seiner Feder zu stammen scheint. Der Verfasser berichtet uns erstmalig von einer Insel im Atlantik: „Man sagt, daß in dem Meer, das sich jenseits der Säulen des Herkules ausdehnt, von den Karthagern eine Insel entdeckt wurde, die heute verlassen ist, wo es Urwälder und schiffbare Flüsse im Überfluß gibt, und die durch Früchte aller Art bereichert wird. Sie liegt viele Tagesreisen vom Kontinent entfernt. Da die Karthager sie häufig besuchten und sich einige von ihnen, angezogen durch die Fruchtbarkeit ihres Bodens, dort sogar niedergelassen hatten, verboten die Führer der Karthager jedermann unter Androhung der Todesstrafe, dorthin zu reisen, und töteten alle Eingeborenen . . .“ Nach dem Pseudo-Aristoteles wollte der Senat von Karthago vermeiden, daß die Kolonisten sich selbständig machten und in Konkurrenz zum Mutterland träten. Diodorus von Sizilien[17], der uns gleichfalls diese wunderbare Insel beschreibt, ohne sie übrigens mit den mythischen Paradiesen der Griechen zu verwechseln, und der ihre Entdeckung den Phöniziern zuschreibt, berichtet, daß die Karthager ihre Kolonisierung verboten, weil sie dieses Wunderland als Zufluchtsstätte für den Fall in Aussicht genommen hatten, daß ihre Metropole vernichtet werden sollte. Muß man mit diesen Berichten die Passagen aus den Schriften Plutarchs[18] und Salusts[19] in Zusamenhang bringen, in denen sie erzählen, daß Sertorius die Hoffnung hegte, in dem fraglichen Land Asyl zu finden, als er zwei Schiffe von den „beiden mysteriös in 10000 Stadien Entfernung, wie man sagte, liegenden Inseln“ in die Mündung des Baetis einlaufen sah?

Um was kann es sich bei der geheimnisvollen Insel der Karthager handeln? Es können weder die Kanarischen Inseln gewesen sein, die noch von den Guanchen bewohnt waren, als die Spanier dort landeten, noch Madeira, wo die Portugiesen im Jahr 1420 keinerlei Spuren von einer früheren Bevölkerung vorfanden, und schon gar nicht die Azoren, die nur aus Felsen bestehen. Oviedo[20], der zu Beginn des 16. Jahrhunderts 34 Jahre in Zentralamerika verbrachte, glaubt, daß es sich um Kuba oder Haiti handeln müsse, die einzigen Inseln des Atlantik – abgesehen natürlich von denen, die zu Europa gehören – wo es schiffbare Flüsse gibt. Sie waren zur Zeit der Konquista bewohnt.

Die Reisen der Phönizier, Griechen und Karthager gerieten ebenso in Vergessenheit wie die geographischen Kenntnisse der Antike, die in vielerlei Beziehung so wertvoll waren, daß Eratosthenes in der *cloaca gentium,* in die sich Rom schon in den ersten Jahrhunderten unserer Zeitrechnung verwandelt hatte, mit erstaunlicher Genauigkeit den Erdumfang errechnen konnte. Das Christentum trug zu diesem Verfall kräftig bei, und die Kirchenväter, fast alle Analphabeten oder wenig mehr, kehrten zu einer Auffassung der Welt zurück, die man noch vor den Pythagoräern hatte, von welcher uns der unter dem Namen Cosmas Indicopleustes[21] bekannte alexandrinische Mönch eine genaue und vollständige Beschreibung hinterlassen hat: Die Erde ist flach, und die Ökomene hat die Form eines von den Wassern des Weltmeeres umgebenen Parallelogramms (Abb. 15). Trotzdem: „Jenseits des Ozeans, der die vier Seiten des inneren Kontinents umgibt, welcher das Gebiet der Stiftshütte des Moses darstellt, gibt es ein anderes Land, auf welchem sich das Paradies befindet, wo die Menschen bis zur Sintflut lebten." Ohne es zu wissen, griffen die Kirchenväter damit die alte arische Auffassung von einer Welt wieder auf, die durch das Weltmeer von einem großen Kontinent an den Grenzen der Erde getrennt wird: der *loka* der Inder, das *Jötunheim* oder Land der Riesen der germanischen Völker, das Land der Hyperboreer der Griechen und sogar der *Kaf* der Araber, der den gleichen Ursprung hat.
Die Idee vom Vorhandensein ferner Länder ging also im Verlauf des Hoch-Mittelalters nicht verloren. In dieser Zeit wurden übrigens in den Klöstern der romanisierten Kirche die klassischen Texte des Altertums nicht nur auf-

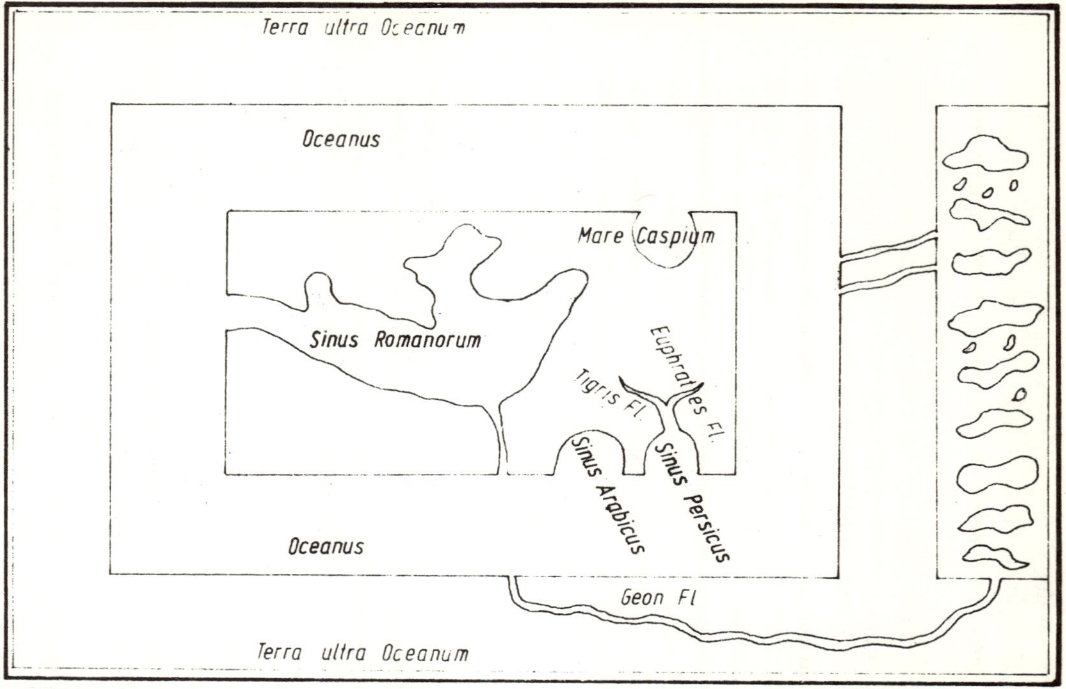

Abbildung 15
Weltkarte von Cosmas Indicopleustes. (3. Jahrh. ndZ).

bewahrt, sondern auch ins Lateinische übersetzt, wie das etwa Boetius mit den Werken von Platon und Aristoteles tat. Aber wenn auch der Atlantis-Mythus häufig kommentiert wurde, muß das Problem der Weltumseglung nur einige wenige Intellektuelle interessiert haben, denn die Länder Europas zogen sich auf sich selbst zurück und trieben – mit Ausnahme der Iren und Wikinger – nur noch Küstenschiffahrt. Der Atlantische Ozean hatte sich in das Finstere Meer verwandelt, weil, wie El Edrisi[22] sagt, „man offensichtlich nicht weiß, was dahinter liegt. Tatsächlich hat niemand irgendetwas Gewisses darüber in Erfahrung bringen können, weil die Schiffahrt dort wegen der Dunkelheit und häufiger Stürme so schwierig ist. Kein Schiff hat sich getraut, ihn zu überqueren oder sich überhaupt von den Küsten zu entfernen. Man weiß trotzdem, daß sich im Finsteren Meer zahlreiche Inseln, die einen bewohnt, die anderen verlassen, befinden.“ Und weiter: „Das Sin-Meer, das die Länder Gog und Magog umgibt, steht mit dem Finsteren Meer in Verbindung. Auf der Seite Asiens sind die letzten Länder die Vac-Vac-Inseln. Jenseits derselben weiß man nicht, was ist.“

Für den nubischen Geographen, der die Kugelförmigkeit unseres Planeten zugibt, befinden sich nur in der nördlichen Erdhälfte bewohnte Gebiete. In dieser Beziehung folgt ihm Dante, der jedoch trotzdem das Paradies auf Erden des Alten Testamentes jenseits des Finsteren Meeres liegen läßt, da man, um es zu erreichen, die Säulen des Herkules überschreiten und zunächst, dem Lauf der Sonne folgend, gen Westen segeln und sich dann nach Südwesten wenden muß. Das Gebirge des Fegefeuers, über welchem sich das Paradies befindet, verlegt er mitten in die

Meere der südlichen Erdhälfte an einen Punkt, der auf unserem Globus Jerusalem entgegengesetzt ist[23].

Mit der Wiedergeburt der aristotelischen Lehre im 13. Jahrhundert taucht im Werk des Albertus Magnus (Albert der Große, Graf von Bollstädt, Bischof von Regensburg, gest. 1280)[24] die Vorstellung von einer Welt wieder auf, die nicht nur rund, sondern auch bewohnbar und bewohnt ist, einschließlich der südlichen Erdhälfte bis zum 50. Breitengrad: „Die ganze heiße Zone ist bewohnbar, und es ist die Beschränktheit der Unwissenden, zu glauben, daß diejenigen, deren Füße den unseren entgegengesetzt sind, notwendigerweise fallen müssen. Die gleichen Klimata wiederholen sich auf der unteren Erdhälfte, und es gibt zwei Rassen von Äthiopiern (Afrikanern), die des tropischen Nordens und die Neger des tropischen Südens. Die der unseren entgegengesetzte Erdhälfte ist nicht völlig von Wasser bedeckt. Sie ist zu großem Teil bewohnt, und wenn die Menschen dieser entlegenen Gebiete nicht zu uns gelangen, so wegen der dazwischenliegenden weiten Meere . . .“

Mit El Edrisi und Albertus Magnus begegnet also das Mittelalter den aristotelischen Ideen wieder, die im Lauf der vorhergehenden Jahrhunderte zum Teil in Vergessenheit geraten waren. Außerdem beginnt man wieder zu reisen. Ascelín, Carpini, Ruisbrock (Rubriquis), Marco Polo und Conti durchstreifen Asien, während die arabischen Seefahrer die Ostroute nach Indien wiederbefahren. Von den Wikingern weiß man in West-Europa, daß sie blühende Niederlassungen in Grönland und Vinland haben. Sollte es möglich sein, daß niemand im Süden Skandinaviens an die fernen Länder jenseits des Finsteren Meeres gedacht hätte?

Ja, man dachte während des Mittelalters an sie und hatte sogar nie aufgehört, das zu tun. Vielleicht gelangten einige sogar dorthin, aber man sprach davon sowenig wie möglich. Schon die Fürsten und Kaufmanns-Gilden verhängten unter schwerster Strafandrohung absolute Geheimhaltung über Seereisen, die trotzdem einige Spuren, ja sogar kartographische Beweise hinterließen.

Im Jahr 565 hatte der irische Mönch Brandan, Abt des Klosters Clonfert, auf der Suche nach dem Paradies auf Erden zwei Atlantikfahrten unternommen und dabei eine Insel entdeckt, auf der er sich sieben Jahre lang aufhielt, ehe er über die Orkaden zurückkehrte. Die *Navigatio Sancti Brandani,* ein Manuskript aus dem 10. oder 11. Jahrhundert, das von diesen Abenteuern berichtet und mit erstaunlicher Genauigkeit die Kanarischen Inseln und die Höllen-Inseln mit dem Vulkan Teide ebenso wie das Sargasso-Meer beschreibt, läßt die Möglichkeit nicht ausschließen, daß der Abt und seine Mönche – unter ihnen der französische Heilige St. Malo – bis nach Florida gelangten. Im Jahr 734 – so berichtet Martin Behaim (1492) – flohen der portugiesische Erzbischof von Pôrto, sieben Bischöfe und weitere Christen beiderlei Geschlechts von der iberischen Halbinsel mit ihrer gesamten Habe einschließlich Vieh, um den vordringenden Mauren zu entgehen. Sie hätten eine Insel erreicht, wo sie sich für immer niederließen. Zu einer Zeit vor 1147, dem Jahr der Befreiung Lissabons, habe sich eine Gruppe arabischer Seeleute in dieser Stadt mit der Absicht eingeschifft, das Finstere Meer zu überqueren. Nach El Edrisi und Ebn el Uardi seien sie 35 Tage lang in nordwestlicher Richtung bis zu einer gewissen Lämmer-Insel *(Djezirat al Ganam)* gefahren. Später seien sie erneut in See gestochen und hätten nach zehn Tagen Fahrt in südlicher Richtung eine Insel erreicht, die von Menschen einer unbekannten Rasse bewohnt war: hoch gewachsen, mit langen, gewellten Haaren und roter Haut (El Edrisi) oder einer „aus Braun und Weiß gemischten" (El Uardi). Die *almagrurines* (die Enttäuschten), wie sie genannt wurden, seien schließlich nach Marokko zurückgekehrt.

Genauere Informationen besitzen wir über die Expeditionen des Madoc. Im Jahr 1170 habe sich der Waliser-Fürst mit westlichem Kurs auf den Ozean gewagt. Zehn Tage nachdem er den „gefährlichen Garten der Meere, den kein Sturm zerstören kann, und der die Schiffe festhält" durchfahren habe (womit offenbar das Sargasso-Meer gemeint ist), landete er in der Bucht von Mobile in Alabama, wie man glaubt. Später sei er in seine walisische Heimat zurückgekehrt, um seinen Bruder Rhyrid aufzunehmen und mit diesem zusammen mit zehn Schiffen und 300 Mann erneut in See zu stechen. Schließlich sei eine bedeutende Kolonie am Missouri gegründet worden. Dieser Bericht erscheint in zahlreichen walisischen Manuskripten des Mittelalters, und der Troubadour Meredith machte im Jahr 1477 eine damals sehr bekannte Ballade daraus. Iren, Portugiesen, Waliser, Araber – sie alle entdeckten unbekannte Länder. Und die Texte, die von diesen Reisen – wirklichen oder erdachten – berichten, stammen alle aus der Zeit vor Kolumbus.

Die St. Brandan-Insel erscheint in fast allen Karten des Mittelalters, zunächst auf dem Breitengrad Irlands und noch weiter nördlich, dann im Westen der Kanarischen Inseln und mehr oder weniger mit diesen verbunden, wie

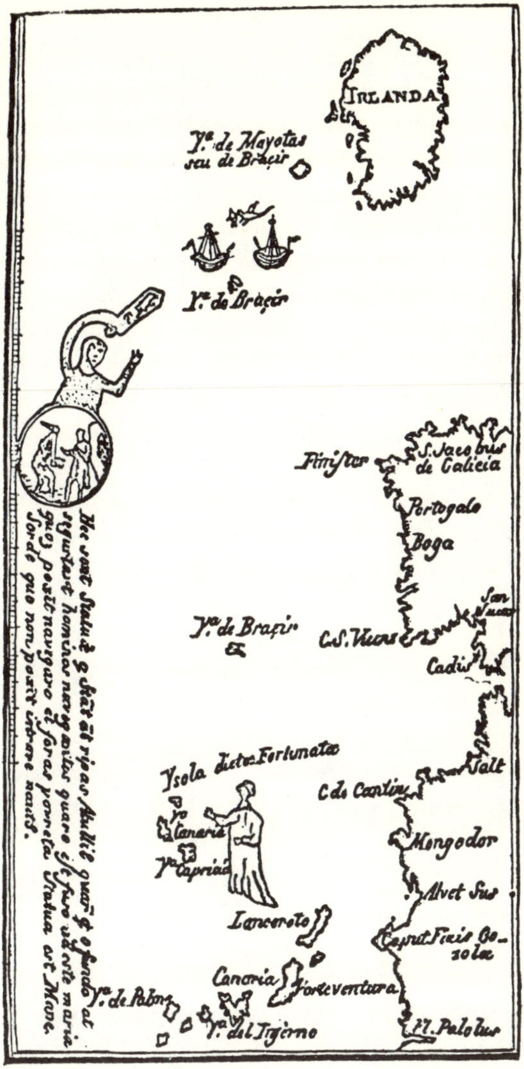

Abbildung 16
Karte von Pizigano (1367).

man schon auf der Karte des Pizigano von 1367 feststellen kann. Die von Buache de la Neuville veröffentlichte und hier wiedergegebene Kopie (Abb. 16) verzeichnete eine *Ysola* (sic!) *dictae fortunatae*, was nicht korrekt und unvollständig ist. Auf dem Original liest man über einer Abbildung des Heiligen, der mit der Hand auf die Inseln weist, *Ysole dicte fortunate Sancti Brandani e isole Ponzele.* Als große Ausnahme zeigt die Karte Nr. 5 des Atlas von Andrea Bianco (Abb. 17) aus dem Jahr 1436 die St.

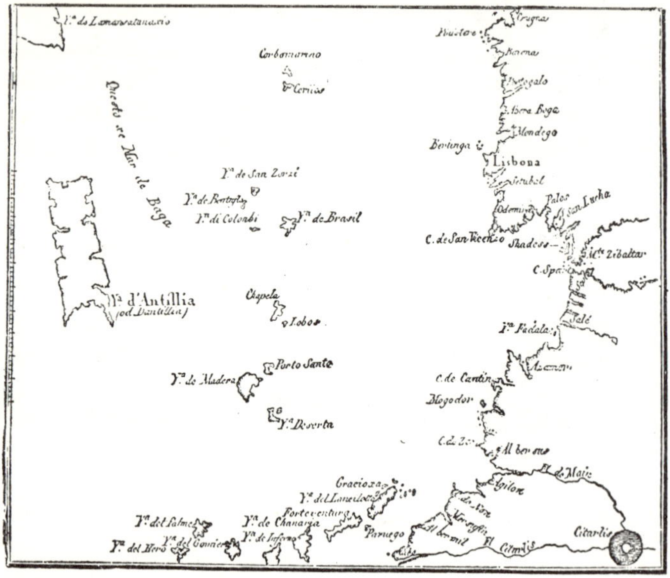

Abbildung 17
Karte von Andrea Bianco (1436).

Brandan-Insel nicht. Aber auf denjenigen von Bartolomé Pareto (Bildtafel V) aus dem Jahr 1455 und von Gracioso Benincasa (1471 und 1482) taucht sie unter dem

Namen *insule fortunate Sancti Brandani* wieder auf. Auf seinem Globus von 1492 verlegt sie Martin Behaim weiter südlich fast auf die Breite von Kap Verde mit der Bemerkung: „Dies ist die Insel, zu der Sankt Brandan im Jahr 565 gelangte, und die er voller wunderbarer Dinge fand." Die Gewißheit ihres Vorhandenseins war derartig, daß zwischen den Jahren 1487 und 1759 zahlreiche Expeditionen unternommen wurden, um sie zu suchen, und daß die portugiesische Regierung im 15. Jahrhundert keine Bedenken trug, sie an den Katalanen Luis Perdigón abzutreten.

Vielleicht war trotz der nautischen Daten in der *Navigatio Sancti Brandani* die Insel doch nichts anderes als eine der Kanarischen Inseln und die Reise des Abts von Clonfert nicht bloß ein Produkt der blühenden keltischen Phantasie. Auf jeden Fall fuhr man tief in den Atlantik hinein, lange bevor der Infant Heinrich der Seefahrer, „geleitet von alten Karten", die Expedition des Gonzalo Velho Cabral organisierte, der 1451 die Klippen der Hormigas und im nächsten Jahr die Insel Santa María der Azoren-Gruppe „entdeckte". Das beweist die Tatsache, daß Andrea Bianco auf seiner Karte vom Jahr 1436 (Abb. 17) die neun Inseln des Archipels in ziemlich korrekter Form erscheinen läßt, während zu dieser Zeit nur eine von ihnen den Portugiesen bekannt war. Mehr noch: Bianco gibt einer der Azoren-Inseln einen ausgesprochen arabischen Namen, *Bentufla*, während er eine andere *San Zorzi* und eine dritte im äußersten Norden *Corbo Marino* (Seeadler) nennt. Nun, die Insel San Jorge (oder San Zorzi) wurde von den Portugiesen im Jahr 1449 und die Insel Corbo zwischen 1444 und 1449 „entdeckt". Sie waren also schon vorher bekannt und benannt. Zudem erwähnt El Edrisi schon im 12. Jahrhundert eine Insel Raka im Atlantik, auf der es Seeadler gab, und El Uardi eine Insel Thuiur (der Vögel). Der letztere erklärt, daß die roten Seeadler mit ihren gewaltigen Krallen weit vor den Küsten auf hoher See Fische fingen.

Der Azoren-Archipel wurde also schon lange vor dem 15. Jahrhundert angelaufen. Vielleicht haben die Araber Karten von den Inseln angefertigt, die dann – wie so viele andere – in der *Tesouraria* (Schatzkammer) des Königs in Lissabon sorgfältig aufbewahrt wurden. Aber schon vor ihnen müssen europäische Seefahrer dort gewesen sein, auf die ein Teil der erwähnten Ortsbezeichnungen zurückzuführen ist. Spanier, Portugiesen, Normannen? Die Erstgenannten müssen ausgeschlossen werden, da das *j* und das *g* im spanischen Namen *Jorge* aspiriert und daher in arabischer Sprache normalerweise als *h* wiedergegeben wird. *Zorzi* kann nur vom portugiesischen *Jorge* oder dem französischen *George* kommen, die beide mehr oder weniger gleich ausgesprochen werden. Der Name *Corbo Marino* spricht nicht zugunsten der Portugiesen, aus deren Sprache er stammt: die Araber – oder arabisierten Juden, die sich deren Rückzug nicht angeschlossen hatten – mußten das von El Uardi benutzte Wort *Thuiur* zum Gebrauch auf den portugiesischen Karten in dieser Sprache übersetzen. Aber wenn das so war, warum respektierten sie dann den gleichfalls arabischen Namen *Bentufla*? Vielleicht weil dies archaische und entstellte Wort kaum übersetzbar war. Ohne an dem Ursprung des Wortes zu zweifeln, konnten sich die arabisierten Westler nicht über seine Bedeutung einigen[25].

Die Insel Antillia (Antilla, Antilia) ist viel bedeutender als die Azoren, weil sie auf dem gleichen Breitengrad, dem von Gibraltar, aber viel weiter westlich liegt. Man glaubte, sie sei in einem Begleittext zu der Karte des Pizigano (Abb. 16) erwähnt, der jedoch in einem so haarsträubenden Latein abgefaßt ist, daß er fast unverständlich wird. Ob sich die Worte *ad ripas Antilliae* auf sie beziehen, bleibt also zumindest höchst zweifelhaft. Mit Gewißheit treffen wir sie erstmalig unter ihrem Namen in der Karte des Bianco (Abb. 17) an, wo sie in Form eines Rechtecks von der Größe Portugals dargestellt ist. Ihre Küsten sind mit einem Übermaß von Details gezeichnet, was jedoch wenig Bedeutung hat, da die Kartographen des 17. Jahrhunderts in gleicher Form bei der Darstellung der *Terra Australia* vorgingen, die lediglich in ihrer Phantasie bestand. Im Norden von Antillia sehen wir den Süden einer anderen Insel, Lanosatanasio, die auf einer anderen Karte des gleichen Atlas (der Kopie eines solchen aus dem 14. Jahrhundert, wie man annimmt) in vollständiger Form erscheint. Sie hat die gleiche Form wie Antillia, ist aber ein wenig kleiner. Es ist die *Mano de Satán* (Satanshand), die mit verschiedenen mehr oder weniger entstellten Bezeichnungen *Main de Satan, Man Satanaxia, Sarastagio)* in zahlreichen Karten des 15. Jahrhunderts und später auftritt.

Auf der Karte des Genuesen Beclarius oder (Bedrazio), die ein wenig jünger als diejenigen des Bianco ist, sehen wir außer den Inseln Antillia und Sarastagio in der Nähe dieser letzteren eine kleine sichelförmige Insel mit dem Namen Danmar oder Dammar und weiter westlich eine quadratische Insel, die den Namen Royllo trägt. Neben dieser Gruppe ist die Inschrift *Insule de novo repte,* das heißt in korrektem Latein *Insulae de novo repertae* (kürzlich gefundene Inseln), zu lesen. Auf den Karten des Benincasa (1471 und 1482) bemerkt man die Insel Antillia zusammen mit einer anderen rechtwinkligen, aber etwas kleineren im Norden, die der Satanshand der früheren Karten entspricht, hier aber den Namen Saluaga trägt. Ferner erscheint ein kleines Eiland in Sichelform ohne Namen.

Die Karte des Pareto (Bildtafel V) aus dem Jahr 1455 zeigt uns Antillia und im Westen die viel kleinere Insel Royllo. Die Statanshand erscheint nicht. Hier stoßen wir auf etwas, das unseres Wissens bisher von niemand bemerkt wurde: In der Nordwest- und Südwestecke der Karte ist der Verlauf der Küsten Nord- und Südamerikas mit zwei gekurvten Linien einfach, aber deutlich angegeben. Die Inseln liegen im Süden des Golfes, der von den fraglichen Linien begrenzt wird. Erklärt diese Insel die feste Überzeugung der Spanier, daß es in Mittelamerika eine offene Durchfahrt vom Atlantischen in den Pazifischen Ozean geben müsse? (Auf dem Original befindet sich der Norden an der linken Seite der Karte; zum besseren Verständnis haben wir in der Reproduktion der Karte die gewohnte Nord-Süd-Ausrichtung gegeben).

Für Martin Behaim ist die Insel Antillia keine andere als diejenige, auf die sich die portugiesischen Bischöfe im Jahre 734 geflüchtet hatten. Eine Anmerkung zu seinem Globus sagt: „Als sich Spanien in den Händen der Ungläubigen aus Afrika befand, wurde die beschriebene Insel (*Insula Antilia,* genannt *Septe Citates*) von einem Erzbischof von Porto-Portugal und sieben weiteren Bischö-

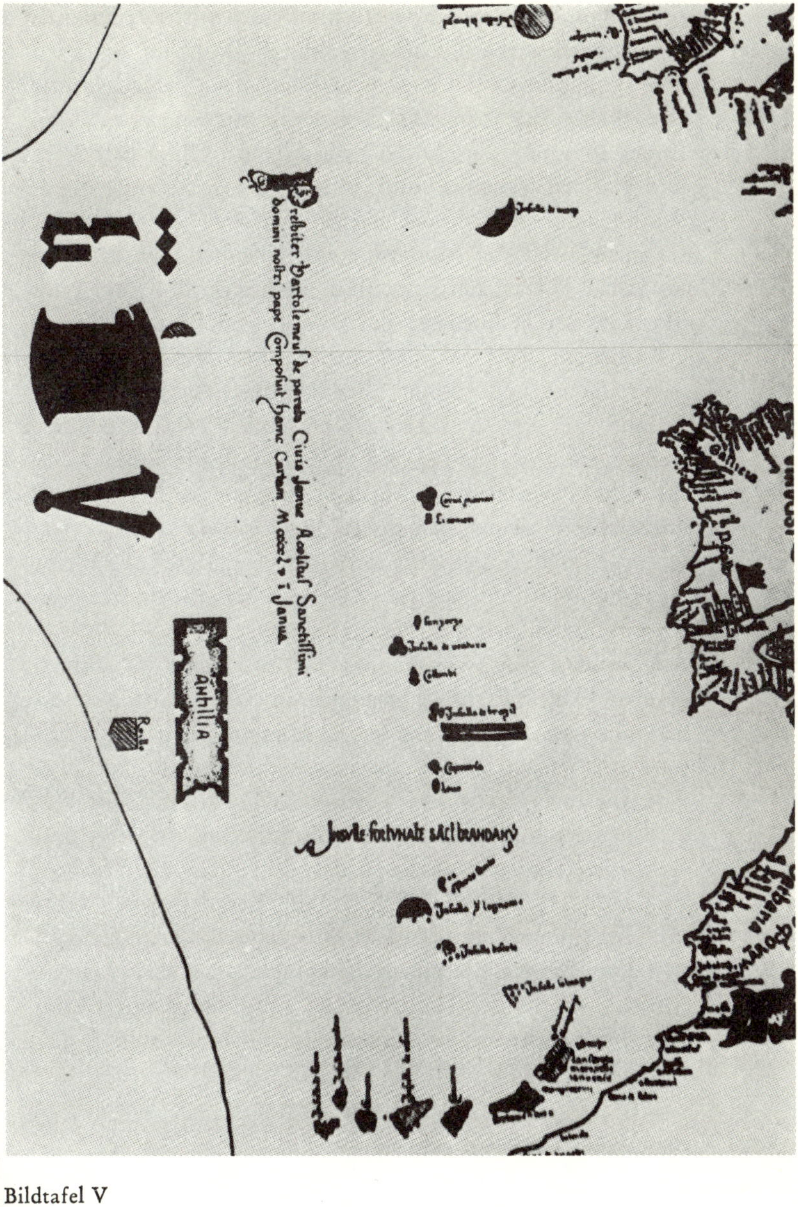

Bildtafel V
Karte von Bartolomeo Bartolomeo (1455)

fen bewohnt... Im Jahr 1414 kam ein Schiff aus Spanien dicht daran vorbei." Eine Erwähnung ähnlicher Art wird von Fernando Colón in seinem Buch *Vida del Almirante* (Das Leben des Admirals) Toscanelli zugeschrieben. Man findet sie zumindest in der von Alfonso Ulloa besorgten und 1571 in Venedig veröffentlichten Übersetzung dieses Werkes, dessen Original ebenso verloren ging wie der fragliche Brief des Florentiner Geographen. Dieser hatte im Jahr 1474 an den Kanonikus Fernando Martínez oder Martins, der in Diensten des Königs von Portugal stand, geschrieben: „Auf der Insel Antilla, die Ihr die der Sieben Städte nennt, und von der Ihr Kenntnis habt, gibt es zehn Räume. Der erste ist sehr reich an Gold, Perlen und Edelsteinen, und die Tempel und Paläste sind mit purem Gold gedeckt..." In den Rückübersetzungen von Navarrete[26] und Barcia[27] ist der Nebensatz *„che voichiamante di Sette Citta, delle cuale avete notitia"* weggelassen. Es bleibt also zumindest ein gewisser Zweifel über den mysteriösen Brief, von dem wir gesprochen haben.

Auf seiner Karte, wie man sie rekonstruieren zu können glaubte (Abb. 18), hat Toscanelli außerdem Antilla zu einer winzigen Insel sehr nahe bei Madeira reduziert, während die *Insula Sancti Brandani* unmittelbar über dem Äquator und viel weiter westlich in Form eines unregelmäßigen Rechtecks viel größer dargestellt wird. Eine solche geometrische Darstellung darf uns nicht überraschen. In jener Zeit war es üblich, Inseln, deren genauen Umfang man nicht kannte, als Rechtecke oder Quadrate darzustellen. Bianco, Pareto und Benincasa machten das mit Antillia so, Bedrazio mit Roylло, Fra Mauro mit *Giava Maggiore* (Borneo), Toscanelli und Behaim mit Japan

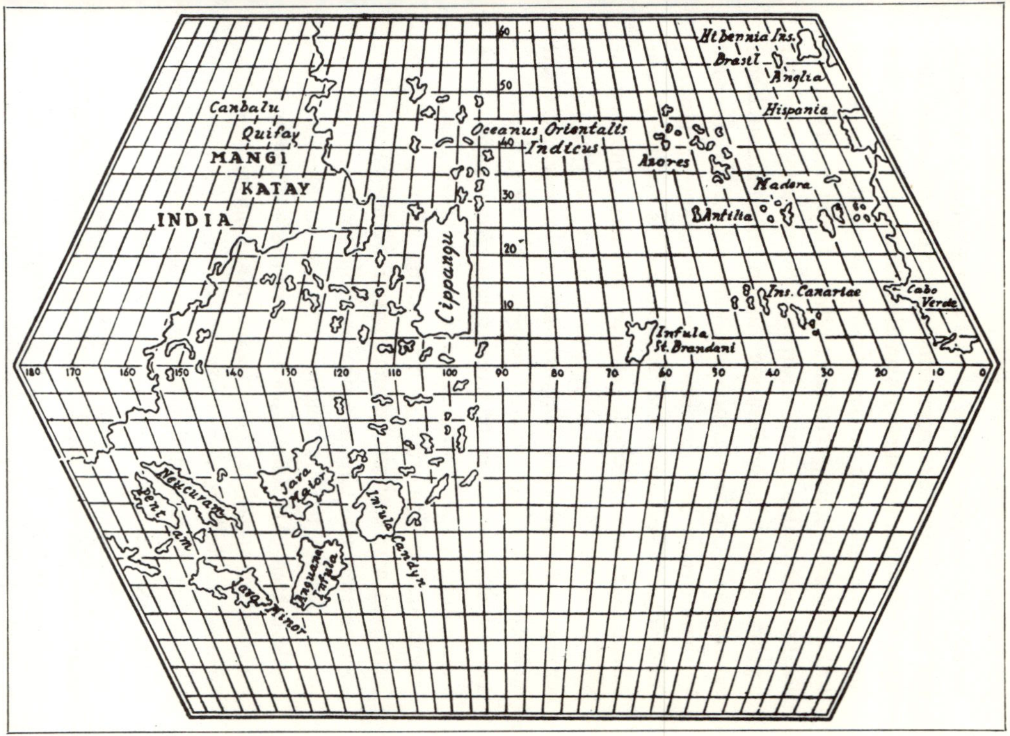

Abbildung 18
Karte von Toscanelli (1474). Rekonstruiert.

(Cipango) und Piri Reis mit Kuba. Es ist jedoch auffallend, daß Antillia (Kuba) und Cipango nicht nur genau die gleiche Form eines regelmäßigen Rechtecks von gleichen Proportionen und Ausmaßen haben, sondern sich auch an der gleichen Stelle befinden. Wenn die Küsten als zu Asien gehörend gezeichnet sind, heißt die Insel Cipango, im gegenteiligen Fall Antillia. Das ist tatsächlich nur logisch, wenn wir zur Analyse unseres ersten Kapitels zurückkehren. Die Geographie des Orients wußte von dem Vorhandensein einer großen Insel unbekannter Umrisse (und auf den Karten daher rechteckig dargestellt) auf unbestimmter Breite vor den Küsten Chinas. Die Geographie des Abendlandes hatte vage Kenntnis davon, daß es jenseits des Finsteren Meeres eine große Insel gab, die man auf den Karten nicht weniger rechteckig darstellte, weil sie niemals erforscht worden war. Als man nach der Entdeckung des Kolumbus zu der Schlußfolgerung gelangte, daß Südamerika nichts anderes als die Halbinsel Cattigara war und also Ostasien nach Süden verlängerte, überlagerten sich Cipango und Antillia umso leichter, als sie auf den Karten die gleiche Form und die gleichen Ausmaße hatten. Als Kolumbus 1493 von seiner ersten Reise zurückkehrte, erklärte er in Lissabon mit der größten Natürlichkeit, daß er von Cipango komme. Er irrte sich, aber er log doch einmal wenigstens nicht. Es sollte Pedro Martyr de Anguiera[28] sein, der 1493 den vom Groß-Admiral entdeckten – oder vielmehr wiederentdeckten – Inseln den Namen Antillen gab: „Er (Kolumbus) berichtet, daß die von ihm angetroffene Insel Hispaniola (Haiti, Anm. d. Verf.) die Insel Ophir sei. Aber wenn wir die Forschungen der Kosmographen genau betrachten, sind diese Inseln zusammen mit anderen angrenzenden die Antillen."Die Geographie, die Überlieferungen, die Reiseberichte und Karten – sie alle zeigen uns also, daß seit mindestens 2500 Jahren das Vorhandensein von Inseln und Kontinenten jenseits eines Meeres bekannt war, das während einiger Jahrhunderte des Hoch-Mittelalters bis zu einem gewissen Grad immer noch als das „finstere" galt. Einige Autoren des Altertums leiteten ihre Annahmen lediglich von der Kugelförmigkeit unseres Planeten ab, aber andere, wie der Pseudo-Aristoteles, sprechen schon im 4. Jahrhundert vdZ von ganz konkreten Ländern, die von Asien verschieden sind, von Ländern, die nicht nur in ihrer Phantasie bestehen, da sie sie trotz der allgemeinen Ungenauigkeit der Entfernungen in jener Zeit genau dort angeben, wo sie im 16. Jahrhundert gefunden oder wiedergefunden werden sollten. Wenn die Araber im 12. Jahrhundert die Azoren anliefen und andere Seefahrer das noch vorher taten, ist es dann überraschend, daß europäische Schiffe noch weiter gelangten? Von den Azoren zu den Antillen zu gelangen, ist nicht schwieriger als von Portugal nach den Azoren. Außerdem übernahm es häufig das Meer, die Schiffe nach Westen zu führen, von wo aus sie ohne größere Schwierigkeiten (falls sie keinen Schiffbruch erlitten) mit dem Golfstrom zurückkehren konnten. Diese Erfahrung machten einige der phönizischen, griechischen, karthagischen, römischen, irischen, arabischen, baskischen, bretonischen, normannischen, portugiesischen, spanischen und anderen Schiffe, ohne von den Drakkars der Wikinger zu sprechen, die niemals aufgehört hatten, den Atlantik von Zaire bis zum Skagerrak zu durchfurchen. Woher wußten Behaim, ein ernsthafter und zurückhaltender Geograph, daß ein spanisches Schiff die Insel Antilla erreicht hatte, und Bedrazio (um 1440), daß diese Insel und ihre Nachbarn kürzlich wiederentdeckt worden waren? Kann es überraschen, daß die Kosmographen des 15. Jahrhunderts direkte und genaue Zeugnisse über die westlichen Länder erhielten, wenn das erste, was Kolumbus sah, als er Haiti anlief, die Reste eines europäischen Schiffes waren?

Man kann bei der Analyse der Texte und Tatsachen, die wir soeben angeführt haben, noch weiter gehen. Die *Insula Sancti Brandani* wechselt von Karte zu Karte ihre Position, und man könnte diese erstaunliche Beweglichkeit auf die Ungenauigkeit der Daten zurückführen, die von der *Navigatio* geliefert wurden. Aber was soll man dann von der Insel Bracir sagen, mit der wir uns im Kapitel IV beschäftigen werden, für die nicht nur dasselbe gilt, sondern die auf der gleichen Karte bis zu drei mal an verschiedenen Breiten auftaucht? Soll man die Geographen des 15. Jahrhunderts für so beschränkt halten, daß sie diesem Land die Fähigkeit der Allgegenwärtigkeit beimaßen? Die Erklärung ist eine andere: die Geographen holten ihre Informationen über ein Land jenseits des Atlantik aus vielfältigen Quellen ein, die in allem übereinstimmten, nur nicht in der genauen Lage. Im Fall der Insel des Heiligen Brandan waren die erhaltenen Angaben genügend spärlich und ungenau, um sich jeden das aussuchen zu lassen, was ihm am wahrscheinlichsten und glaubwürdigsten erschien. Was dagegen die Insel Bracir betrifft, so waren alle erhaltenen Informationen einwandfrei, obwohl scheinbar widersprüchlich. Es handelte sich also um das gleiche Land, das jedoch an verschiedenen

Stellen angelaufen wurde, so daß die Kartographen die erhaltenen Informationen beim besten Willen nicht in wissenschaftlicher Weise miteinander in Einklang bringen konnten. Einer jedoch, der besser als die anderen unterrichtete Bartolomé Pareto, konnte auf seiner Karte in äußerst schematischer Form im Norden und Süden des Antillen-Meeres die Küsten der beiden amerikanischen Halbkontinente in großen Zügen angeben. Er also wußte, woran er sich zu halten hatte. Ein zufälliges Zusammentreffen von Tatsachen oder ein Produkt der Phantasie? Man sagt uns seit Tausenden von Jahren, daß es jenseits des Atlantischen Ozeans Inseln, ja Kontinente gibt. Man berichtet, daß einige Seefahrer dorthin gelangten und zurückkehrten. Einige ihrer Angaben werden mit für die Zeit sehr befriedigenden Annäherungswerten in die Karten eingetragen. Man gibt einer Insel den Namen Antillia (*ante ilha*, in der portugiesischen und altspanischen Sprache: Insel von früher). Und hinter ihr tut sich, leicht angedeutet, die doppelte Küste eines Kontinents auf. Alles hat seine Grenzen – auch der Zufall.

Drittes Kapitel

KOLUMBUS DER SCHWINDLER

Im Jahre 1492 überquerte ein gewisser Kolumbus mit drei Karavellen unter der Fahne Kastiliens den Atlantik und erreichte die Antillen. Merkwürdig: alles, was sich auf diese Person bezieht, ist wirr, widersprüchlich, geheimnisvoll. Er selbst (in seinen Schriften), seine beiden ersten Biographen (sein unehelicher Sohn Fernando und sein Freund Fray Bartolomé de las Casas), Königin Isabella die Katholische und ihre Beamten – sie alle scheinen sich bemüht zu haben, ein uneinheitliches Bild von Kolumbus entstehen zu lassen.

Man weiß nicht genau, wie der richtige Vatersname des Groß-Admirals des Ozeans lautet. Die zeitgenössischen Dokumente nennen ihn unbekümmert in der verschiedensten Weise: Colombo, Colom und schließlich Colón, von welchem Namen Las Casas versichert, es sei der ursprüngliche seiner Familie gewesen. (Der deutsche Sprachgebrauch kennt dies Problem nicht. Statt die griechisch-lateinische Wortwurzel des Namens, *colon,* mit „Grimmdarm" richtig ins Deutsche zu übersetzen, wurde einer seiner angeblichen Namen, Colombo, latinisiert und gleichzeitig als Kolumbus der deutschen Orthographie angepaßt. Anm. d. Übers.). Wurde er in Genua, Plasencia oder Pontevedra geboren? Im Jahr 1436, 1447 oder 1451? Man streitet sich heute noch darüber, ohne zu einem eindeutigen Ergebnis zu gelangen. Man weiß nicht einmal, welche seine Muttersprache war. Er schrieb in einem mit Lusitanismen überladenen Spanisch, selbst wenn er sich an Italiener, wie seinen Freund P. Goriccio, wendete. Man kennt einen Brief von ihm in katalanischer Sprache, aber der einzige „italienische" Text aus seiner Feder, eine Randbemerkung zur italienischen Übersetzung der *Historia Naturalis* des Plinius, ist ein derartiges italienisch-portugiesisch-spanisches Kauderwelsch, daß es hochgradig komisch wirkt. Was machte er, ehe er zwischen 1470 und 1476 nach Lissabon kam? War er 1472 *lanarius* (Wollhändler) in Savona oder Kapitän eines Kriegsschiffes des Königs Renatus von Anjou? Diente er unter dem Befehl des Admirals Colombo il Giòvane („seines Namens und seiner Abstammung", wie Fernando und Las Casas versichern), und nahm er an der Schlacht von San Vicente gegen die Venezianer teil? Die fragliche Schlacht fand im Jahr 1485 statt, als Kolumbus sich schon seit Jahren in Spanien befand. Und einige Geschichtsschreiber behaupten, daß der Admiral Colombo in Wirklichkeit Jorge Byssipat oder Georg der Grieche hieß. Oder handelte es sich vielleicht um eine andere Schlacht von San Vicente, die der Admiral de Cazenove-Coullon, von den Italienern Colombo und den Spaniern Colón genannt, gegen die Genuesen führte? Aber diese Schlacht fand schon 1476 statt, zu welcher Zeit sich unser Mann bereits in Lissabon niedergelassen hatte, so daß sich schwerlich eine Verwandtschaft zwischen ihm und dem französischen Korsaren, der sie ausfocht, konstruieren läßt.

Selbst die Persönlichkeit des Kolumbus ist merkwürdig und schillernd. Wie soll man begreifen, daß die beiden

Bildtafel VI
Christoph Kolumbus (National-Bibliothek Madrid)

folgenden Texte aus der gleichen Feder stammen? Wir haben sie Briefen entnommen, die Kolumbus an Isabella die Katholische und Ferdinand von Aragon richtete. In dem einen heißt es: „Obwohl das Gold, das der Quibian (Kazike) von Veragua und anderen Ortschaften der Gegend besitzt, nach Informationen viel sein soll, schien es mir nicht gut noch Euren Hoheiten dienlich, es durch Raub zu nehmen: die gute Ordnung würde Skandal und schlechten Ruf vermeiden und bewirken, daß schließlich doch alles bis auf das letzte Gramm in den Staatsschatz gelange." Und in dem anderen: „Als ich in Schwierigkeiten gelangte, hörte ich eine sehr milde Stimme sagen: ‚O du Schwerfälliger und Beschränkter, glaube und diene deinem Gott, dem Gott aller! Was tat er mehr für Moses und für David, seinen Diener? Seit du geboren wurdest, hatte er stets größte Acht auf dich. Als er dich in einer Zeit sah, da er mit dir zufrieden war, ließ er deinen Namen auf Erden wunderbar erklingen. Die indischen Lande, einen so reichen Teil der Welt, gab er dir zu eigen; ... Was tat der Allmächtige, als er das Volk Israel aus Ägypten herausführte? Was für David, den er vom Hirten zum König in Judäa machte? ... Dein Alter wird nicht alles Große verhindern; ... Abraham war mehr als hundert Jahre alt, als er Isaak zeugte. . .'" Und noch ein Text aus *Las Profecías* (Die Prophezeiungen) von Kolumbus: „Ich sagte bereits, daß ich mich für die Durchführung des Unternehmens in Indien nicht der Vernunft noch der Mathematik oder Weltkarten bediente: Es erfüllte sich nur, was Jesajas sagte." Auf der einen Seite der Sklavenhändler, goldgierig und ohne alle Skrupel; auf der anderen der mystisch Erleuchtete, der Stimmen aus einer anderen Welt hört.

Diese Zwiespältigkeit erklärt, warum es unmöglich ist, mit Gewißheit festzustellen, was Kolumbus im Sinne hatte, als er sich auf den Atlantik wagte. Suchte er die Reichtümer und Ehren, deren genaue Festlegung in den *Capitulaciones* verlangte, mit welchen seine Reise autorisiert wurde? Den westlichen Seeweg zum Land der Gewürze und des Goldes? Die Bekehrung des Großen Khans zum Christentum? Das Paradies auf Erden, wo die Juden Spaniens Asyl finden könnten? Wir sind nur einer Sache sicher, die schlüssig von Salvador de Madariaga[29], Rafael Pineda Yános[30] und Simon Wiesenthal[31] nachgewiesen wurde: Kolumbus war jüdischer Rasse und gehörte einer Familie von Maranen (in Spanien zwangsgetaufter Juden) an. Das trug ihm, sobald er in Spanien eintraf, die Unterstützung unzähliger jüdischer Konvertiten ein. Wir nennen unter ihnen nur einige der wichtigsten: die Bischöfe Hernando de Talavera und Diego de Deza vom Hof der Königin Isabella, der Regierungsnotar vom Hofe Aragons, Luis de Santángel, der die Expedition finanzierte, der Schatzmeister des Königs, Gabriel Sánchez, und seine vier Brüder. Nur so wird begreiflich, daß der künftige Groß-Admiral seine erste Reise ohne Geistlichen, dafür aber mit einem hebräischen Dolmetscher an Bord antrat, der schwerlich etwas anderes gewesen sein dürfte als ein Rabbiner, und daß er für seine Abfahrt (mit einer gewissen Zahl heimlicher Juden an Bord) genau das Datum wählte, an dem die Frist ablief, bis zu der die Juden in Spanien sich bekehrt oder das Land verlassen haben mußten.

Die von Kolumbus selbst gewünschte Ungewißheit um sein Dasein, ehe er nach Granada kam, dehnt sich auch auf seinen Aufenthalt in Lissabon und die Vorbereitung seines großen Vorhabens aus. Wir wissen jedoch, daß er in der portugiesischen Hauptstadt seinen jüngeren Bruder Bartolomé wiedertrifft, der dort als Buchhändler und Kartograph tätig ist, und mit dem er sich geschäftlich zusammentut. Er gelangt so in enge Verbindung mit einigen der berühmtesten Kosmographen Europas, wobei ihm seine Rasse zugute kommt, da sich die berühmte Akademie von Sagres seit ihrer Gründung in Händen jüdischer Geographen befindet. Er trifft sich täglich mit Kapitänen aller Nationalitäten, die Lissabon anlaufen oder hier ihren Heimathafen haben. Portugal ist zu jener Zeit die erste Seefahrt-Nation der Welt, und seine Schiffe befahren alle bekannten Meere. Ja, sie dringen tief in den Atlantik ein, wo die Azoren bereits besiedelt sind. In Lissabon spricht man viel von den transozeanischen Gebieten, und zahlreiche Expeditionen laufen – erfolglos – zu ihrer Suche aus: 1452 diejenige des Diego de Teive, 1462 José Vigado, im gleichen Jahr Gonzalo Fernandes de Tavira, 1472 Ruy Gonçalves de Cámara, 1475 Antonio Leme und viele andere mehr. Ihr Scheitern bestätigt die bekannte Ansicht der Antike: Theoretisch kann man auf der Ost-West-Route nach Indien gelangen, und es gibt auf der anderen Seite des Ozeans unbekannte Länder. Aber die Entfernungen sind zu groß, als daß man das Ziel erreichte.

In Lissabon verdiente sich Kolumbus seinen Lebensunterhalt mit dem Zeichnen von Karten. Aber er fuhr auch zur See. Ist er wiederholt nach Guinea gefahren, wie seine Biographen versichern? Wahrscheinlich. Wir wissen, daß ihn ein Genueser Kaufmann 1479 nach Madeira schickte, um eine Ladung Zucker zu kaufen. Aber die für uns

wichtigste Reise ist diejenige, die er nach Thule unternahm. Wir wissen von ihr nur durch einen Satz in einem Brief des Admirals, den Fernando und Las Casas zitieren: „Im Februar 1477 fuhr ich 100 Meilen über Thule, dessen südlicher Teil 73 Grad – und nicht 63, wie einige wissen wollen – von der Äquinoktiallinie entfernt ist und nicht innerhalb der Linie liegt, mit der Ptolemäus den Okzident umschließt, sondern viel weiter westlich; und die Engländer, besonders aus Bristol, fahren mit ihren Waren zu dieser Insel, die so groß ist wie England; als ich dorthin kam, war das Meer nicht gefroren, obwohl die Gezeiten so stark waren, daß das Meer zweimal am Tage 26 Faden (zu je 1,6718 m, Anm. d. Übers.) stieg und ebenso oft wieder sank." Es folgt ein nicht in Anführungszeichen gesetzter Satz, so daß man nicht weiß, ob man ihn Kolumbus oder seinem Sohn zuschreiben soll: „Tatsache ist, daß das von Ptolemäus erwähnte Thule sich dort befindet, wo er es angegeben hat, und daß es sich heute Friesland nennt."
Diese Beschreibung ist häufig in Zweifel gezogen worden und nicht immer in sehr intelligenter Weise. Daß Kolumbus und seine Biographen lügen – bewußt, unbewußt und, was die letzteren betrifft, aus Unwissenheit – ist überreichlich bewiesen. Aber es steht nicht weniger fest, daß der Admiral nicht nur viel gereist ist, sondern daß er auf dem Gebiet der nautischen Wissenschaft profunde Kenntnisse besaß. Er war durchaus in der Lage, eine Reise zu erfinden. Aber er hätte dabei nie die Geographen in einem Punkt korrigiert, der für ihn bedeutungslos war. Denn Island befindet sich auf 63° 30' nördlicher Breite. Aber handelt es sich dabei um Thule? In der Antike wurde dieser Name unterschiedslos für alle Länder des

Nordens gebraucht. Anderseits bezieht sich der Satz ohne Anführungszeichen deutlich auf zwei verschiedene Thule, das eine auf 63 Grad, „Friesland genannt“, das aber Island ist, und das andere auf 73 Grad, das nur Grönland sein kann, aber nicht seine Südküste, die auf 60 Grad liegt. Der Name Friesland, den die im Jahre 1558 veröffentlichte Erzählung über die Reisen der Gebrüder Zeno berühmt machen sollte, findet sich bereits auf der Karte portugiesischen Ursprungs von Contino aus dem Jahr 1502. Friesland war also bekannt, als Kolumbus seinen Brief schrieb, und erst recht, als Fernando ihn in dem Buch über seinen berühmten Vater („Das Leben des Admirals“) zitierte. Aber man wandte seinen Namen auf unbestimmte und wechselnde Inseln im Großen Norden an.
Auf jeden Fall muß Kolumbus damals eine Insel auf dem 73. Grad nördlicher Breite erreicht haben, das heißt Grönland, dessen bekannter Teil tatsächlich so groß wie England war, und der auch von englischen Schiffen angelaufen wurde. Für diese letztere Tatsache haben wir unbestreitbare Beweise. Im Jahr 1431 beschwerte sich Erich von Pommern, König von Skandinavien, bei den Abgesandten des Königs von England darüber, daß Untertanen von diesem sich in den norwegischen Kolonien „Island, Grönland, Shetland, Orkaden und anderen Inseln“ dem Handel, ja sogar der Seeräuberei widmeten. Durch die Verträge von 1431, 1444 und 1449 waren den Engländern alle Kontakte mit den norwegischen Kolonien untersagt, und erst 1490 erhielten sie das Recht, mit Island Schiffahrt und Handel zu treiben und in dessen Gewässern zu fischen. Stellen wir fest, daß der Admiral in seinen „Prophezeiungen“ in bezug auf Thule wörtlich

schreibt: *ultima Tule,* was mit „das letzte Thule“ oder „das am weitesten entfernte Thule“ korrekt zu übersetzen wäre. Für ihn gab es also wenigstens zwei Thule.

Aber uns interessiert hier nicht nur die Identifizierung des von Kolumbus erreichten Landes, sondern die Tatsache, daß er seine Reise hundert Meilen (557 km) weiter fortgesetzt hat. Hundert Meilen hinter Grönland liegt nur noch Amerika.

Was kann unser künftiger Groß-Admiral in der Arktis gesucht haben, und wie mag es ihm, der doch gewiß nicht in der Lage war, ein Schiff zu diesem Zwecke auszurüsten, möglich gewesen sein, das zuwegezubringen? Portugiesische Schiffe liefen die Häfen Skandinaviens nicht an. War es Kolumbus gelungen, nach England zu gehen und sich von dort aus nach Thule einzuschiffen? Aber als was? Vielleicht ist des Rätsels Lösung eine Expedition, die König Christian III. von Dänemark im Jahre 1476 ausrüsten ließ, um die Spuren der norwegischen Kolonien in Grönland zu finden, von denen man seit langer Zeit keine Nachricht mehr hatte. Es befremdet auf den ersten Blick, daß Christian für dies Unternehmen die Hilfe von König Alfons V. von Portugal erbeten und erhalten hatte. Die Schiffe waren dänisch, ihre Kommandanten deutsch, die Kapitäne Pining und Pothorst. Worin konnte unter diesen Umständen die von Alfons geleistete Hilfe bestehen? Portugal war zu jener Zeit für seine Lotsen berühmt, Männer, die verstanden, Seekarten zu lesen und zu zeichnen und nach den Sternen zu navigieren. Und tatsächlich war der Expedition ein Lotse namens Johannes Scolvus beigegeben, von dem man später nie wieder etwas gehört hat. Die dänischen Schiffe trafen die verlorenen Kolonien nicht an, aber sie erreichten Labrador, wie aus einer Karte aus dem Jahr 1482 hervorgeht, die einem gewissen Michel Lok zugeschrieben wird. Auf ihr erscheint im Westen Grönlands ein Land mit dem Namen Scolvus Groetland[32].

Wer war dieser Johannes Scolvus, dessen Rolle so bedeutend gewesen sein muß, daß man seinen Namen und nicht den seiner Vorgesetzten auf der Landkarte verewigte? Sein Name wurde häufig verballhornt: Scolnus, Scolvo, Kolonus, Scolom, Skolum, Colum. Die Polen halten sich an Kolnus, welche Schreibweise sie mit der kleinen polnischen Stadt Kolno in Verbindung bringen, um ihren sonst spärlichen Seefahrer-Lorbeer zu mehren. Und auch wir haben das in einer unserer vorhergehenden Arbeiten[4] getan, wobei wir uns auf Rudolf Cronau[32] stützten. Aber es gibt keinen Beweis dafür. Hatte nicht Alfons V. den geheimnisvollen Lotsen seinem dänischen Vetter ausgeliehen? Und sollte es sich nicht um einen gewissen Colombo, Colomo, Colom oder Colón gehandelt haben, dessen Reise nach dem Großen Norden nicht 1477, sondern schon ein Jahr früher stattfand, es sei denn, sie haben Ende 1476 begonnen und „Thule" erst zu Beginn des nächsten Jahres erreicht? Das ist behauptet worden und ist sehr wahrscheinlich. Trotzdem läßt sich mit Gewißheit nichts Genaues sagen. Was bleibt, ist, daß Kolumbus als Colón oder Scolvus tatsächlich nach Skandinavien und westlich darüber hinaus gereist zu sein scheint. Ob er Grönland oder sogar Labrador erreicht hat oder nicht, ist von zweitrangiger Bedeutung. Denn auf jeden Fall wußte man in Island, ja auch schon in Kopenhagen vollkommen Bescheid über die Existenz von Vinland, das heißt Nordamerika, und ein so wißbegieriger Marine-Kartograph wie der künftige Admiral mußte ebenfalls davon gehört haben. Vielleicht hatte er sogar vor seiner Abreise den Bericht gelesen, den Adam von Bremen gegen 1050 in lateinischer Sprache über die Expeditionen der Wikinger nach jenseits des Ozeans verfaßte. Wenn die Reise nach Thule tatsächlich stattgefunden hat, was wahrscheinlich ist, wußte Kolumbus daher bei seiner Rückkehr, daß die geheimnisvollen Länder auf der anderen Seite des Ozeans nicht unzugänglich waren. Vielleicht hat er sogar von dort eine Karte mitgebracht, die gewiß genauer war als diejenige, die der Isländer Sigurd Stefansson (Abb. 25) im Jahr 1590 entwarf.

Jedenfalls war es in jener Zeit, daß sich der künftige Groß-Admiral sehr intensiv für die *Tesouraria,* die Schatzkammer des Königs von Portugal, zu interessieren begann, in der dieser seine Geheimkarten verwahrte. Der Zugang zu ihr war für einen Ausländer äußerst bescheidener Herkunft, den zudem sein Beruf als Kartograph und Seefahrer von vornherein verdächtig machen mußte, nicht einfach, da die Kartenspionage gerade damals in Lissabon besonders blühte. Ein kaum glaubliches Ereignis kommt ihm zu Hilfe: Der Marane ungewissen Namens heiratet – Zufall oder Berechnung? – im Jahr 1478 Filipa Monis de Perestrillo, eine Verwandte der königlichen Häuser von Braganza und Lusignan, deren Bruder erblicher Hauptmann der Insel Pôrto Santo bei Madeira war, wo das junge Paar zeitweilig Wohnsitz nahm.

Warum verläßt Kolumbus die portugiesische Metropole, um sich in jenem kleinen Kolonialhafen niederzulassen, der nur von einigen wenigen Handwerkern und Händlern bevölkert wird? Las Casas[33] sagt es uns mit brutaler Offenheit: „. . . weil auf dieser Insel, wie auf der benachbarten und gleichfalls kürzlich entdeckten Insel Madeira ein reger Schiffsverkehr einzusetzen begann . . . und es täglich reichliche Neuigkeiten über die Entdeckungen gab, die von neuem gemacht wurden." Er suchte also Informationen. Es war wahrscheinlich in jener Zeit, daß er das ihm zur Verfügung stehende reichliche Material[34] über die Winde und Strömungen des Atlantik jenseits der Insel Madeira zusammentrug. Er selbst berichtet, daß er einen guten Teil seiner Zeit dazu verwendete, die Schiffskapitäne, die Pôrto Santo anliefen, auszufragen, wobei er möglicherweise die Autorität seines Schwagers ausnutzte, um Auskünfte zu erhalten und die so in seinen Besitz gelangten Daten in seine Karte einzutragen.

Er sammelte auch, wie Fernando und Las Casas bezeugen, jede Art von Berichten über merkwürdige Ereignisse. So versicherte ihm ein königlicher Kapitän mit Namen Martín Vicente, er habe 450 Meilen westlich von San Vicente (an der Südwestecke Portugals) im Meer ein Stück Holz gefunden, das von Menschenhand, aber offenbar ohne Werkzeuge aus Eisen, bearbeitet worden war. Der Gatte einer seiner Schwägerinnen, Pedro Corrêa, erzählte ihm, daß er in Pôrto Santo ein Stück Holz gleicher Art und Rohr von solcher Stärke gesehen habe, daß man ein einziges Glied desselben mit zwei Litern Wein füllen könne. Man sprach auf den Azoren von Stämmen eines auf dem Archipel unbekannten Nadelholzes, die der Westwind an den Strand von Graciosa und Fayal getrieben hatte, und sogar von zwei Leichen „anscheinend nicht von Christen", die das Meer auf der Insel Flores angeschwemmt hatte, sowie von *almadias,* gedeckten Booten mit Menschen einer Rasse, von der man nie sprechen gehört hatte. All dies hat für uns nichts Überraschendes, da wir wissen, daß der Golfstrom Schiffsreste und Pflanzen aus Amerika bis nach Skandinavien trägt. Aber für Kolumbus waren dies neue Tatsachen, die eine schon feste Überzeugung noch verstärkten: Es war möglich, den Ozean zu überqueren und so nach Indien zu gelangen. Das sollte von Palos bestätigt werden, als er die Berichte von zwei Seeleuten erhielt, der eine aus Murcia, der andere aus Santa María, die von Irland aus durch einen Sturm an „die Küsten von Tartaria“[3] verschlagen wurden. Sein Freund Oviedo[20] erzählt sogar, daß Kolumbus auf seiner ersten Reise eine von einem portugiesischen Seemann, Vincente Diaz aus dem Dorf Tavira, gezeichnete Karte benutzte, der bei der Rückkehr von Guinea ein Land im Westen von Madeira entdeckt hatte. Auch Fernando und Las Casas sprechen von einer Karte, jedoch ohne ihren Verfasser zu erwähnen. Man sagt, daß es sich um Toscanelli handelte. Wir bezweifeln das. Der Admiral war ein zu guter Kosmograph, um sich auf eine so wenig genaue Unterlage zu verlassen, die er jedoch, wie wir sehen werden, zu anderen Zwecken verwendete. Aber er mußte auf jeden Fall etwas viel Besseres als die Karte eines einfachen Seemannes besitzen.

1482 ließ sich Kolumbus erneut in Lissabon nieder und nahm seinen Beruf als Kartograph wieder auf, nicht ohne seine Beziehungen zu den Geographen des Hofes zu erneuern, den jüdischen natürlich, aber auch anderen, wie dem berühmten Martin Behaim, der zu genau jener Zeit in der portugiesischen Hauptstadt lebte. Es war damals,

daß Kolumbus dem König Juan II. das Projekt einer Reise nach Cipango vorlegte. Obwohl man den Antragsteller für einen „geschwätzigen, phantasievollen und einbildungsstarken Menschen“ hielt, ernannte der Souverän doch zwecks Prüfung seines Vorschlages eine aus drei Gelehrten der Kosmographie bestehende Kommission. Ihr Entscheid fiel negativ aus. Wir wissen nicht, warum, aber es fällt uns nicht schwer, ihn zu erraten: Kolumbus hatte schwindeln müssen, wie er wenig später auch in Kastilien schwindeln würde. Es blieb ihm nichts anderes übrig, als sein Glück an einem anderen Ort zu versuchen. Hier ereignen sich zwei entscheidende Episoden, von denen die eine materiell bewiesen ist, während uns die andere nur durch verschiedene übereinstimmende Zeugnisse bekannt ist.
In der *Tesouraria* des Königs, zu der Kolumbus so oder so Zutritt erlangt hatte, und wo er heimlich zahlreiche Geheimkarten hatte einsehen können, gab es ein Dokument, das für ihn von höchster Bedeutung war: den Brief, den Toscanelli im Jahr 1474 an den Kanonikus Martínez schrieb, und in welchem der Florentiner Geograph an Hand einer Karte (Abb. 18) nachwies, daß es möglich sei, Asien über den Atlantik zu erreichen. Der künftige Groß-Admiral kopierte den Brief auf einer leeren Seite eines seiner Bücher, der *Historia rerum ubique gestarum* (Geschichte der allenthalben geschehenen Dinge) von Papst Pius II., und machte sich die notwendigen Notizen, um die Karte reproduzieren zu können. Später erfanden seine Biographen eine Korrespondenz mit Toscanelli, um auf ihre Weise die Kenntnis zu erklären, die sich ihr Held von diesen Dokumenten zu verschaffen gewußt hatte.
Der Hang zum Spionieren verließ Kolumbus nie. Das be-

zeugt uns Arias Pérez Pinzón, der Sohn von Martín Alonso Pinzón, der auf des Kolumbus ersten Reise eine der Karavellen befehligt hatte, und der vielleicht – wir werden darüber noch in Kapitel VI sprechen – schon vorher zusammen mit Jean Cousin aus Dieppe in Südamerika gewesen war. Bei seiner Aussage vor dem Gericht, das in der Sache der Krone von Kastilien gegen Diego Colón zu urteilen hatte, erklärte er tatsächlich, daß er seinen Vater nach Rom begleitet habe, wo dieser den Hof-Kosmographen von Innozenz VIII. zum Freunde hatte, der ihm bestätigte, daß es im Westen unentdeckte Länder gäbe, und der ihm entsprechende Inschriften auf einer Weltkarte gezeigt habe. Es war noch gar nicht so lange her, daß Gnupsson, Bischof von Gardar in Grönland, im Jahr 1121 auf geistlicher Dienstreise nach Vinland gefahren war, von der er nie zurückkehrte. Und zeitlich noch näher – nämlich 1279 – war es, daß der Erzbischof von Grönland einen Emissär nach Vinland entsandte, um dort den Zehnten einzuholen, der für den damals gerade in ganz Europa gepredigten Kreuzzug bestimmt war. Aber vielleicht hatte auch Rom auf diesem Gebiet Informationen anderer Herkunft.
Die andere Episode ist tragisch. Ein Handelsschiff, das Wein von Madeira nach England brachte, war durch Sturm weit auf den Ozean verschlagen worden. Als das Wetter sich beruhigte, machte der Kapitän, Aloso Sánchez aus Niebla in der Provinz Huelva am Horizont ein unbekanntes Land aus. Mit Mühe und Not konnte er mit den vier Überlebenden seiner Besatzung nach Lissabon zurückkehren, wo er einen Kartographen suchte, der ihm behilflich sein könnte, die von ihm entdeckte „Insel“ zu

lokalisieren. Er geriet an Kolumbus, der ihm mehr als seine beruflichen Dienste anbot: Er nahm die fünf Schiffbrüchigen in seinem Hause auf, wo sie einige Tage später eines geheimnisvollen Todes starben. Unmittelbar darauf verließ der zukünftige Vizekönig Portugal fluchtartig. Hatte er seine Gäste umgebracht? Was daran glauben läßt, ist der Text eines Briefes, den König Juan II. 1488 an Kolumbus richtete, um ihn zu bitten, nach Lissabon zurückzukehren, nachdem er durch seine unzähligen Spione am Hof von Kastilien über das Fortschreiten der Projekte des Seefahrers unterrichtet worden war und ihm sein Mißtrauen diesem gegenüber leid tat. Der Souverän versicherte Kolumbus in diesem Brief ausdrücklich, daß er in keiner Weise wegen irgendeines Verbrechens belästigt werden würde, das er begangen haben könnte. Es war selbst zu jener Zeit äußerst schwierig, die Tatsache, einen Brief in unerlaubter Weise kopiert zu haben, ein „Verbrechen" zu nennen. Nebenbei sei bemerkt, daß es möglicherweise das dem Bruder Juan Pérez *sub sigillo* (unter Wahrung des Beichtgeheimnisses) gemachte Geständnis dieser beiden „Sünden" war, das diesen Superior des Klosters von Rábida, einen in der Astrologie bewanderten Mönch, bewog, Kolumbus bei der Königin Isabella einzuführen, die sich bisher geweigert hatte, ihn zu empfangen.

Welche Bedeutung hatten die Worte und die Karte Toscanellis für den künftigen Groß-Admiral? Erinnern wir uns: Alle Welt wußte im 15. Jahrhundert, daß die Erde rund und es daher theoretisch möglich ist, von Europa nach Indien über den Atlantik zu gelangen, was in der Praxis nur durch die Entfernung unmöglich wurde. Kolumbus kannte die „Geographie" des Ptolemäus. Er kannte alle von uns im Kapitel II zitierten Schriften der Antike, sei es direkt, sei es auf andere Art, wie durch das Hauptwerk des Kardinals d'Ailly (lateinisch: Petrus Alliacus), *Ymago mundi* (Das Bild der Welt). Diesem Werk entnahm er vor allem den Nachdruck, den der Verfasser darauf legte, die Ausdehnung des Atlantischen Ozeans zu verringern: „Die Ausdehnung der Erde nach Osten ist viel größer, als sie Ptolemäus angibt. Nach den Philosophen ist der Ozean, der sich zwischen dem jenseitigen Spanien, d. h. der Westküste Afrikas, und der Ostküste Indiens erstreckt, nicht sehr breit. Denn man schätzt, daß man dieses Meer in sehr wenigen Tagen überqueren kann, wenn der Wind günstig ist, und ich denke, daß dieser Anfang Indiens im Osten nicht sehr weit von den Küsten Afrikas entfernt sein kann."

Daß der Kardinal diesen Satz wörtlich von dem englischen Scholastiker des 13. Jahrhunderts, Roger Bacon, aus dessen *Opus majus* abgeschrieben hatte, wußte Kolumbus vielleicht nicht. Es hätte ihm dieser Umstand wohl auch nicht allzu viel ausgemacht. Diese Ideen stimmten mit den seinen überein, und das war es, was ihnen Bedeutung gab. Er wußte tatsächlich, daß die Länder Asiens sehr nahe lagen. Und er wußte es, weil Esra, der jüdische Schriftgelehrte des 5. Jahrhunderts vdZ, in seiner Apokalypse (wahrscheinlich ein apokrypter Text aus dem 1. Jahrhundert unserer Zeitrechnung) versichert: „Und am dritten Tag befahlst Du den Wassern, sich auf dem siebten Teil der Erde zu vereinen." Er wußte es vor allem, um der Wahrheit die Ehre zu geben, weil er schon einmal den Atlantik überquert hatte, oder weil er doch wenigstens von den Expeditionen der Wikinger nach Vinland gehört hatte.

Wozu Toscanelli, ein guter Mathematiker, aber als Kosmograph nur Liebhaber, Kolumbus verhalf, war die wissenschaftliche Bestätigung von prophetischen Aussagen und Experimenten, die nicht zu beweisen waren. Nun, der Florentiner formulierte zum Beweis seiner These eine Reihe von Argumenten, die eindeutig falsch waren, und die die Geographen in Lissabon mit gewisser Geringschätzung hatten zurückweisen müssen. Er behauptete tatsächlich, daß zwischen Portugal und den Küsten Indiens im Osten auf dem Landweg 230 Grad lägen, fünf mehr als bei Marinus von Tyrus, dessen Angabe schon Ptolemäus 1350 Jahre zuvor hatte korrigieren müssen (noch dazu unzureichend). Er fügte hinzu, daß ein Grad eine Entfernung von 62,5 Meilen betrage, während die zeitgenössischen Geographen diese im allgemeinen mit 70 Meilen annahmen. Die Verbindung dieser beiden Irrtümer bewog ihn, Indien auf dem Weg über den Atlantik in einer Entfernung von 130 Grad zu je 62,5 Meilen, also insgesamt nur 8125 Meilen, liegen zu lassen.

Auch das war für Kolumbus noch zu viel. Ein Grad betrug für ihn nicht 62,5, sondern 56,66 Meilen. Er selbst hatte diese Entfernung gemessen, als er „häufig zwischen Lissabon und Guinea fuhr“, wie er in seinem kleinen *Tratado de las zonas habitadas* (Traktat über die bewohnten Gebiete) schrieb. Humboldt[25] fragte sich mit Recht, wie er das hätte anstellen können. Tatsächlich stammt die Angabe von dem arabischen Geographen El Fargani (lat.: Alfraganus), den der Kardinal d'Ailly erwähnt. Kolumbus übernahm sie unbesehen und schrieb sie sich selbst zu. Aber nicht genug damit. Auf dieser Grundlage stellte er Berechnungen an, die grotesk wären, wenn er seine Irrtümer nicht freiwillig begangen hätte. Den 180 Grad, die Ptolemäus der Ökumene gab, mußte man in Wirklichkeit noch die Länder Ostasiens hinzufügen. Dann wäre die Zahl des Marinus von Tyrus – 225 Grad – definitiv richtig gewesen. Aber die Geographen gaben zu, daß der euroasiatische Kontinent eine Ost-West-Ausdehnung von 16 000 Meilen hatte, was 62,5 Meilen pro Grad entsprach. Nun, der Grad hatte in Wirklichkeit – Kolumbus selbst hatte ihn ja gemessen – nur 56,66 Meilen. Also entsprachen die fraglichen 16 000 Meilen 282 Grad. Folglich lagen zwischen Lissabon und Cathay nur 78 Grad. Aber wenn der Grad auf dem Äquator 56,66 Meilen maß, dann derjenige auf der Höhe der Kanarischen Inseln nur 50, so daß diese 78 Grad nicht mehr als 3900 Meilen ergaben.

El Fargani hatte sich nicht geirrt, als er dem Grad eine Ausdehnung von 56,66 Meilen gab. Im Gegenteil war die Ziffer das Ergebnis der unglaublichen Genauigkeit, mit der die Araber des 9. Jahrhunderts den Äquator gemessen und seine Länge mit 40 033 400 Metern (statt der tatsächlichen 40 007 520) ermittelt hatten. Aber Alfraganus drückte die Ausdehnung des Grades in arabischen Meilen von je 1973 Metern aus. Das berücksichtigte Kolumbus nicht, indem er glaubte, oder zu glauben vorgab, es handele sich um italienische Meilen von 1 477,5 Metern, ein Irrtum, den man bei einem berufsmäßigen Kartographen schwerlich gelten lassen darf. Jedenfalls kam man auf diese Weise dazu, Cathy in einer Entfernung von 5 762 km westlich von Lissabon liegen zu lassen, das heißt genau dort, wo sich die Ostküste Amerikas befindet. Daß die Geographen in Salamanca, wie schon zuvor dieje-

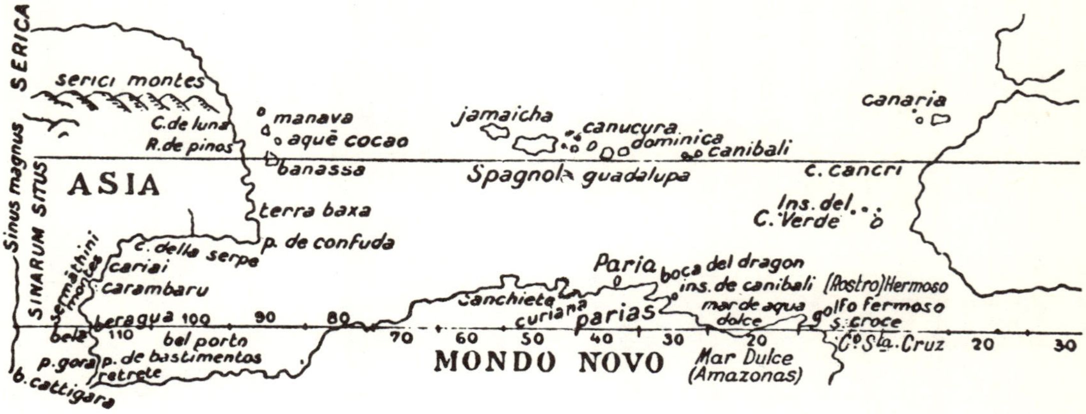

Abbildung 19

Die Nord-Küste Südamerikas (1503). Skizze von Christoph Kolumbus oder seinem Bruder Bartolomé. Nach Ibarra Grasso[3].

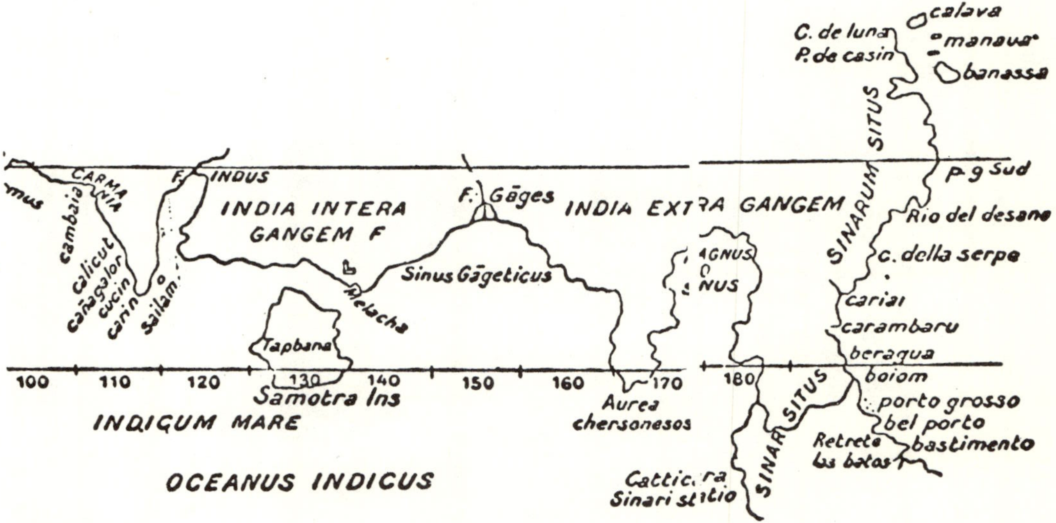

Abbildung 20

Ostasien und Südamerika (1503). Skizze von Christoph Kolumbus oder seinem Bruder Bartolomé. Nach Ibarra Grasso[3].

nigen in Lissabon, diese Berechnungen wenig überzeugend fanden, kann ihnen niemand verdenken. Aber trotzdem war die Ausdehnung des Atlantiks korrekt. Sagen wir es in weniger akademischer Form: Kolumbus hatte die Zahlen manipuliert, um sie mit genauen Daten übereinstimmen zu lassen, die er besaß, aber nicht preisgeben wollte. Er log, um sich das Verdienst der Entdeckung eines Landes nicht entgehen zu lassen, dessen Vorhandensein und genaue Lage ihm völlig bekannt waren.

Bleibt die Frage, um welches Land es sich seiner Ansicht nach handelte. Glaubte er Asien zu erreichen oder eine neue Welt zu entdecken? Das eine wie das andere. Die National-Bibliothek von Florenz bewahrt zwei Skizzen von seiner Hand – oder möglicherweise der seines Bruders Bartolomé – die im Juli 1503 an den Rand einer Karte des Admirals gezeichnet wurden. Sie zeigen, daß Kolumbus aus Südamerika eine halbinselförmige Verlängerung Asiens in südöstlicher Richtung machte. Die eine (Abb. 19) zeigt uns in einem unwahrscheinlichen Sprachenmischmasch (Latein, Spanisch, Portugiesisch, Italienisch) die Neue Welt (*Mondo Novo)* Südamerikas, wie es damals bekannt war, vereint mit einem Asien, dessen Westküste mit Cattigara am Rande des *Sinus Magnus* liegt. Die andere (Abb. 20) gibt die Karte des Ptolemäus (Abb. 1) schematisch wieder, jedoch unter Hinzufügung der Ostküste des Landes Cattigara, die nichts anderes ist als diejenige des Antillen-Meeres. Halten wir fest, daß 1503 Balboa den Pazifischen Ożean noch nicht gesichtet hatte, und daß sich niemand vorstellen konnte, die von Kolumbus entdeckten Länder, oder auch nur ein Teil von ihnen, seien eine neue Welt und nicht der Ostteil Asiens.

Dreißig Jahre später wird es einfach sein, die Halbinsel Cattigara – wie das Franciscus Monachus (Abb. 21) tun

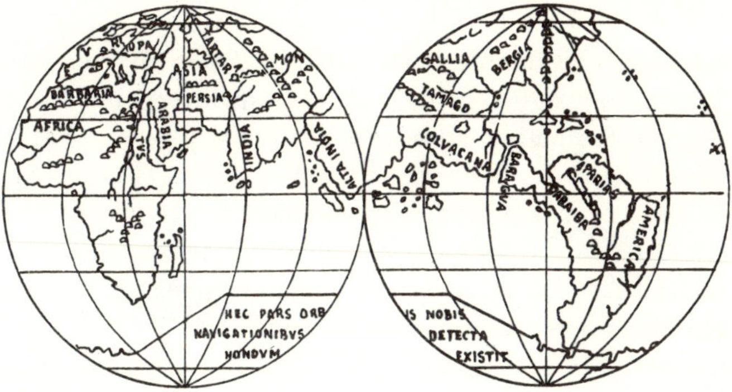

Abbildung 21
Weltkarte von Franciscus Monachus (1526).

sollte – mit einem Südamerika zu identifizieren, dessen Küsten schon vollständig aufgenommen worden waren. Aber 1503 war das noch ganz einfach Wahrsagerei, es sei denn, der Admiral hätte über andere Informationsquellen als diejenigen seiner eigenen Reisen verfügt. Und gerade dies vermutete man damals. Fernández Oviedo[34], ein Freund des Kolumbus, schrieb: „Einige behaupten, daß dieses Land schon vor langen Zeiten bekannt war und daß geschrieben und vermerkt wurde, wo es liegt und auf welchem Grad und daß die Seefahrer und Kosmographen dieser Gegenden es aus dem Gedächtnis verloren hätten ... Und ich selbst stehe diesem Verdacht nicht fern und bleibe dabei ..."

Das Vorhandensein geheimer Informationsquellen, zu denen Kolumbus Zugang gehabt haben muß, ist nicht weniger wahrnehmbar als im Fall des Magallanes. Von diesem wissen wir wenigstens, wer er war: ein portugiesischer Edelmann, Offizier der königlichen Marine, der von 1505 bis 1512 in Indien bei der Eroberung der Gewürzinseln so heldenhaft gekämpft hatte, daß er innerhalb von fünf Jahren vom *sobresaliente* (Offiziersanwärter) zum Kapitän zur See befördert wurde. Als Freiwilliger ins Landheer eingestellt, hatte er während zweier Jahre an den Feldzügen in Marokko teilgenommen, bis er schwer verwundet den Dienst aufgeben mußte. Nach Lissabon zurückgekehrt, hatte er sich mit dem Kosmographen Ruy Faleiro zusammengetan, mit ihm ausführlich den Gedanken der Ost-West-Route nach Indien diskutiert und lange Stunden in der *Tesouraria* des Königs verbracht, zu der ihm sein hoher militärischer Dienstgrad Zugang verschaffte. Dann war er eines schönen Tages aus Portugal geflohen (unter Zurücklassung von Frau und Kindern), um Karl V. seine Dienste anzubieten, dem er vorschlug, Spaniens Schiffe auf der Ost-West-Route nach Indien zu führen.

Gewiß, die Idee war nicht neu. Schon Kolumbus hatte vergeblich versucht, die Passage zu finden, die ihm gestattet hätte, in den *Sinus Magnus* zu gelangen. Vom Golf von Mexiko bis zum Rio de la Plata hatten Spanier und Portugiesen – gleichfalls ohne jedes positive Ergebnis – alle schiffbaren Flüsse befahren und alle Buchten erforscht. Am Hof von Valladolid hätte man höflich gelächelt, wäre der Vorschlag, den Magallanes dem Kaiser machte, auf ein neues Expeditionsprojekt beschränkt gewesen. Man nahm ihn jedoch günstig auf, weil er Beweise erbrachte. Er zeigte dem Bischof von Burgos, Juan

Rodríguez de Fonseca, eine Weltkarte, auf der die Meerenge verzeichnet war, deren Vorhandensein er mit Sicherheit behauptete. Und er erläuterte den Ministern des Königs – wahrscheinlich dem Kardinal Ximénez und dem Msg. de Cèbres – daß er die Durchfahrt gesehen habe „auf einer Seekarte, gezeichnet von Martin Behaim, einem portugiesischen Untertan aus Fayal, Kosmograph von hohem Ruf"[31]. In seinem *Diario* (Tagebuch), das er Papst Clemens VII. und dem Großmeister von Rhodos, dem Normannen Philippe de Villiers de l'Isle-Adam, zukommen ließ, legt der römische Diplomat Antonio Pigafetta, der an der Weltumseglung des Magallanes und Elcano teilnahm, ein umso überzeugenderes Bekenntnis ab, als er ein Freund des Expeditionsleiters war und diese Freundschaft durch die Tat bewies. Er schrieb: „Am 21. Oktober 1520 fanden wir eine Meerenge, der wir den Namen der *Once Mil Vírgenes* (Elftausend Jungfrauen) gaben, weil es an dem Tag war, der diesen geweiht ist. Ohne Wissen unseres Kapitäns hätte man nicht in diese Meerenge einlaufen dürfen, weil wir alle glaubten, daß sie keine Ausfahrt habe; aber unser Kapitän wußte, daß man eine besonders verborgene Meerenge durchfahren mußte, weil er sie auf einer Seekarte gesehen hatte, die in der Schatzkammer des Königs von Portugal aufbewahrt wurde, und die ein ausgezeichneter Kosmograph, Martín de Bohemia, gezeichnet hatte."[37]

Wenn diese Darstellung zutrifft, woran kaum zu zweifeln ist, so stützte sich Magallanes auf eine Martin Behaim zugeschriebene Karte, die er vor seiner Flucht aus Lissabon in der *Tesouraria* des Königs entwendet hatte. Die Portugiesen wußten das, denn sie verfolgten ihn bis nach Spa-

nien, so daß er fürchten mußte, ermordet zu werden. Er war also nichts anderes als ein Überläufer, geschickt genug, um Karl V. zu überzeugen und dessen Schiffe durch eine Landenge nach Indien zu führen, deren Vorhandensein und genaue Lage er kannte, und die vor ihm von einem anderen entdeckt worden war. Im 16. Jahrhundert zweifelte niemand daran. Die fragliche Meerenge trug damals den lateinischen Namen *Fretum Bohemicum* (Böhmische Meerenge), und Guillermo Portel konnte in seiner *Cosmographica disciplina* (Die kosmographische Wissenschaft) schreiben: „Auf 54 Grad (südlicher Breite), wo sich die Meerenge des Martin von Böhmen, auch nach Maggallanes benannt, befindet . . .“
Der Ritter Martin Behaim, der, im Dienst des Königs von Portugal stehend, sich gern (lateinisch) Martinus Bohemus oder (portugiesisch) Martinho de Bohemia nennen ließ, entstammte einer alten deutsch-böhmischen Familie, die sich schon vor zweihundert Jahren in Nürnberg niedergelassen hatte. Er war ein weit bekannter Kosmograph, der gegen Ende des 15. und Anfang des 16. Jahrhunderts allerhöchstes Ansehen genoß. Er hatte sich mit einer Tochter des Ritters Jobst von Hürter verheiratet, des gleichfalls im Dienst des portugiesischen Königshauses stehenden Gouverneurs der Insel Fayal im Azoren-Archipel, auf welcher Behaim einige Jahre lang seinen Wohnsitz hatte. Seine Dienste müssen für sehr bedeutend gehalten worden sein, denn König Juan II. ernannte ihn im Jahr 1485 zum Ritter des Christus-Ordens und zum Mitglied einer Kommission von Mathematikern, die damit beauftragt war, die Methode der Navigation nach der Höhe der Sonne zu studieren. Nach seinem im Jahr 1506 erfolgten Tod trug

die Nachwelt keine Bedenken, ihm die Entdeckung nicht nur der berümten Meerenge, sondern ganz Amerikas zuzuschreiben, auf dessen Vorhandensein er Kolumbus hingewiesen hatte, ja man vertrat sogar die Ansicht, daß es nicht mehr als gerecht sei, den neuen Kontinent nach ihm *Bohemia* (Böhmen) zu nennen.

Trotzdem ist der 1492 von Behaim in Nürnberg konstruierte Globus weit davon entfernt, einen derartigen Ruf zu rechtfertigen. Auf ihm erscheint nämlich Amerika überhaupt nicht, was immerhin noch irgendwie zu rechtfertigen wäre, da es ja erst im gleichen Jahr von Kolumbus entdeckt werden sollte. Aber auch Eurasien hat noch die übertriebenen Ausmaße, die ihm Marinus von Tyrus gab, und der Ozean, der Asien von Europa trennt, hat die gleiche Ausdehnung wie bei Toscanelli. Außerdem erinnert die Weltkarte dieses Letztgenannten so auffällig an den fraglichen Globus, daß man sich fragt, ob es sich bei diesem nicht lediglich um eine Übertragung der Arbeit des Florentiners handelt. Sie befand sich in der *Tesouraria* des Königs, und Behaim war ihr Vorhandensein gewiß nicht unbekannt. Wenn Pigafetta sich nicht irrte – das andere, wenn auch nur indirekt, übereinstimmende Zeugnis ist weniger zuverlässig – hatte der Martinus Bohemius als Kartograph sozusagen eine doppelte Persönlichkeit: Auf der einen Seite zeichnete er für den König von Portugal Geheimkarten, die in der *Tesouraria* unter Verschluß gehalten wurden, dort aber entwendet werden konnten, auf der anderen konstruierte er, wie um sein Wissen zu verschleiern, einen archaischen Globus ohne größeres wissenschaftliches Interesse. Es sei denn, er habe zwischen 1492 und 1506 für ihn neue Informationen aus

anderer Quelle erhalten, die ihn sein Weltbild fundamental ändern ließen.
Es bleibt natürlich die Möglichkeit, daß Pigafetta sich geirrt hat oder, was das Gleiche bedeuten würde, in seinem *Diario* einen von Magallanes begangenen Irrtum wiederholte. Sollte er nicht Behaim den Globus von Schöner (Abb. 8) zugeschrieben haben, dessen Reproduktion irgendein portugiesischer Agent sehr wohl hätte kaufen oder kopieren können? Denn auf Schöners Globus ist nicht nur Südamerika zu sehen, sondern auch die patagonische Meerenge, und zwar mehr oder weniger an der Stelle, wo sie sich tatsächlich befindet. Gleichviel, denn ob es nun eine ähnliche Karte von Behaim gegeben hat oder nicht, genügt Schöners Globus zu der Feststellung, daß irgend jemand zu Beginn des 16. Jahrhunderts genaue Informationen über einen Punkt der amerikanischen Küste besaß, der nie von irgendeinem zeitgenössischen Seefahrer erreicht worden war. Tatsächlich ist es ausgeschlossen, daß Schöner die „Magallanes"-Straße eingetragen hat, weil er Südamerika mit der Halbinsel Cattigara identifizierte. Denn diese erscheint unabhängig davon auf seinem Globus, wie sie auch auf der Weltkarte des Apianus (Bildtafel IV) von 1520 verbleibt. Außerdem ist die Bekundung des Pigafetta eindeutig: Die Karte, nach der Magallanes sich richtete, beschränkte sich nicht darauf, das Vorhandensein einer Durchfahrt anzugeben, sondern bezeichnete ihre Lage und gab in bezug auf ihre Einfahrt präzise topographische Hinweise. Um zu wissen, daß die Meerenge „besonders verborgen" ist, mußte man schon einmal dagewesen sein. Was die Idee des Ibarra Grasso[3] betrifft, der portugiesische Überläufer habe sich während

seines Aufenthaltes in Indien an der javanischen Karte inspiriert, die von den Portugiesen im Jahr 1511 kopiert wurde, so erscheint sie uns nicht sehr überzeugend. Wenn Magallanes sich nach dieser Karte gerichtet hätte, deren östlichen Teil Lopo Homem (Bildtafel I) in großen Zügen zum Vorbild nahm, hätte er gewiß niemals träumen dürfen, eine Reise zu unternehmen, die ihn zu einer bisher unüberwindlichen Küste führen würde.

Jedenfalls war die Meerenge, wie wir gesehen haben, auf dem Globus von Schöner im Jahr 1515 auf 45 Grad südlicher Breite vorhanden. Wo hatte der Nürnberger Geograph diese Angabe her? Humboldt[25] denkt an die geheimen Expeditionen, die portugiesische Kaufleute nach Südamerika schickten, um die Gewürz-Route zu entdekken. Sie gab es ohne Frage, portugiesische und spanische, da eine 1501 in Sevilla erlassene Verordnung jedermann den Versuch untersagte, „Entdeckungen im Ozean und auf dem festen Land Indiens“ machen zu wollen. Wir besitzen ferner einige Angaben über solche Reisen der Portugiesen. In der 1508 in Rom veröffentlichten Ausgabe der „Geographie“ von Ptolemäus gibt es eine Weltkarte von Johann Ruysch, die aus Südamerika eine von Yukatan durch eine Meerenge getrennte riesige Insel macht. An ihrer Ostküste lesen wir: „Portugiesische Seefahrer beobachteten diesen Teil der Erde und gelangten bis zum 50. Breitengrad, wenn auch nicht bis an die südliche Grenze“[25]. Dem Werk ist eine Studie beigegeben, deren Autor, Marcus Beneventanus Monachus, sich zurückhaltender zeigt: Die Portugiesen nahmen die Küste von Santa Cruz bis zum 37. Grad südlicher Breite und vielleicht, wie man sagt (lat.: *ut ferunt*), bis zum 50. Grad auf. Bis zu diesem Grad will tatsächlich Vespucci im Jahr 1501 gelangt sein. Die Spanier ihrerseits waren bis zum Jahr 1508 nicht über das Kap San Agustín (82° 20') hinausgelangt, und erst in diesem Jahr erreichten Juan Díaz de Solís und Vincente Pinzón den 40. Grad. War ihnen ein portugiesisches Schiff zuvorgekommen, das die berühmte Meerenge erreichte?

Das wird von einigen aufgrund eines „Flugblattes" (einer Art Informations-Bulletins) behauptet, das einen Brief des portugiesischen Reeders Christovam de Haro an seine Geschäftsfreunde in Augsburg, die Welser, wiederzugeben scheint. Auf diesem Blatt liest man unter dem Titel *Copia der newen Zeytung auß Presill Landt:* „Wisset, daß hier am 12. Tag des Monats Oktober ein Schiff aus dem Land Brasil ankam, das die Herren Nuno und Christovam de Haro ausrüsteten und charterten. Es sind zwei Schiffe, die mit Erlaubnis des Königs von Portugal ausliefen, um das Land Brasil zu erforschen und zu entdecken ... und als sie ein Klima oder eine Region auf 40 Grad Breite erreichten, entdeckten sie das Land Brasil mit einem Kap, das ein ins Meer vorspringendes Land ist. Und sie umfuhren das Kap und fanden, daß dieses wie Europa gelegen ist, die sinkende Sonne vor sich, das heißt zwischen Ost und West ... und als sie, wie gesagt, das Kap umfuhren und sich nach Nordwesten wandten, wurde das Wetter stürmisch und der Wind so heftig, daß sie nicht weiterfahren konnten. Dann mußten sie umkehren ... Der Kapitän, also derjenige, der das Schiff führte, ist ein guter Freund von mir. Er sagt und er glaubt, daß vom Brasil-Kap bis Malakka nicht mehr als 600 Meilen sein dürfen. Er glaubt auch, daß mit dieser *viagio*, das heißt Fahrt oder Reise, man in Kürze von Lissabon nach Malakka und zurück wird gelangen können, was für den König von Portugal in bezug auf die Gewürze eine große Hilfe sein wird." Das Deutsch dieses Textes (aus dem Spanischen rückübersetzt, Anm. d. Übers.) ist im Original so schlecht und schwer verständlich, daß ein Teil des letzten Satzes auch bedeuten könnte: „man schlägt auch vor, in Kürze diese *viagio* zu machen". Natürlich ist „das Land Brasil" hier das *Brasilie Regio* Schöners, das heißt das in die *Terra Australia* übergehende Feuerland, und Malakka bezieht sich nicht auf die Halbinsel dieses Namens, sondern auf die Molukken.

Über das Datum dieses „Flugblattes" besteht keine absolute Gewißheit. Einige datieren es aus dem Jahr 1507 – dann würde es sich auf eine der Expeditionen beziehen, die zwischen den Jahren 1503 und 1506 von Gonzalo Coelho, Christovam Jasques und João de Lisboa durchgeführt wurden – andere aus dem Jahr 1514. Auch seine Authentizität wird angezweifelt. Nehmen wir an, die Reise habe tatsächlich stattgefunden. Die Lage der Meerenge auf 40 Grad südlicher Breite ist in der Schilderung deutlich angegeben. Nun, Schöner verlegt sie auf 45 Grad. Kein Kartograph darf sich so schwer irren. Also verfügte der Nürnberger Geograph über eine andere Informationsquelle. Handelte es sich bei dieser Meerenge, die alle Welt suchte, und die dem Handelsherren, der im Besitz ihres Geheimnisses gewesen wäre, ein Vermögen gesichert hätte, tatsächlich um eine Meerenge? Ganz ohne Zweifel: Nein. Denn Christovam de Haro war es, der die Expedition des Magallanes finanzierte. Er hätte es ganz bestimmt nicht getan, wenn ihm schon Jahre zuvor bekannt gewesen wäre, wo sich die Durchfahrt befand, die sein Schützling suchen sollte. Und wenn es ihm bekannt war, dann hätte er sich schwer gehütet, die Nachricht darüber zu verbreiten. Im Gegenteil hätte er versuchen müssen, das Wissen um die Gewürz-Route solange wie möglich als Monopol für sich selbst zu reservieren. Welchen Grund also hatte unter diesen Umständen ein solches „Flugblatt“? Wenn es authentisch ist, kann es sich nur um eine Art „Öffentlichkeitsarbeit“ gehandelt haben, um die deutschen Kunden und Geschäftsfreunde des Christovam de Haro günstig zu beeindrucken.

Die „Entdeckungen“ des Kolumbus und Magallanes haben also einen gemeinsamen Ausgangspunkt: den Raub geheimer Karten aus der *Tesouraria* des Königs von Portugal. Und sie erwecken die gleiche Vermutung: es handelt sich um von Martin Behaim angefertigte Karten. Kolumbus weiß, ehe er ausläuft, daß er nicht Asien, sondern einen *Mondus Novus* (Neue Welt) erreichen wird, nichts anderes als die Halbinsel Cattigara. Er weiß genau, wo er sich befindet, und er spielt mit Zahlen, um glauben zu machen, daß sich die Küsten Asiens genau dort befinden, wo der amerikanische Doppelkontinent liegt, nicht ohne dabei eine falsche Karte zu benutzen, von der er weiß, daß sie falsch ist, diejenige des armen Toscanelli, der von ihm ebenso bestohlen wurde. Magallanes weiß vor dem Auslaufen, daß es im Süden der *Terra Sanctae Crucis* eine Meerenge gibt, die es gestattet, vom Atlantik in den Pazifik und so auf der Ost-West-Route nach Ost-Indien zu gelangen. Er besitzt sogar die genaue Beschreibung ihrer Einfahrt. Aber er kennt ihre genaue Breite nicht, da er schon beim 40 Grad beginnt, die Küste sorgfältig zu erforschen. Außerdem ist er nicht der einzige, der sich im Besitz des Geheimnisses befindet. Schöner läßt 1515 die Durchfahrt auf seinem Globus erscheinen, obwohl mit einem beträchtlichen Positionsfehler. Also die gleiche Gewißheit und die gleiche Ungenauigkeit, was die Hypothese einer gemeinsamen Quelle rechtfertigt.

Eine Schlußfolgerung drängt sich auf: Es gab in der *Tesouraria* des Königs von Portugal eine sehr genaue Karte Südamerikas, jedoch ohne Gradeinteilung. Diese Karte oder die Unterlagen, die zu ihrer Herstellung benutzt wurden, waren in Deutschland bekannt.

Viertes Kapitel

DIE „UNMÖGLICHE KARTE" DES MARTIN WALDSEEMÜLLER

Mit Ausnahme des wichtigen (und daher schon im vorigen Kapitel behandelten) Details der Durchfahrt am Südende des amerikanischen Kontinents ist der Globus des Johann Schöner nichts anderes als die Übertragung einer riesigen Weltkarte, die der deutsche Kartograph Martin Waldseemüller in Saint-Dié (Lothringen) zeichnete (Bildtafel VII). In sechs Tafeln aus Buchsbaumholz von je 45,5 × 67 cm geschnitten und in einer Auflage von 1000 Exemplaren gedruckt (einer für die damalige Zeit bedeutenden Zahl), erschien diese 2,68 m breite Karte im Jahr 1507. Das Datum läßt nicht den geringsten Zweifel, denn sie wurde schon 1510 von Glateanus, 1512 von Stobnicza und 1520 von Apianus (Bildtafel IV) schamlos und ohne auch nur den Autor zu erwähnen kopiert.

Wenn wir den alten Kontinent betrachten, ist Waldseemüllers Weltkarte schlechterdings archaisch. Eurasien ist, sogar unter Einschluß des *Sinus Magnus,* in der Art des Ptolemäus dargestellt, mit der riesigen Insel Trapobana anstelle des eigentlichen Indien. Östlich des *Sinus* ist Cathay, dessen schlecht gezeichnete Küsten vom Ozean umspült werden, bis zum Süden durch die Halbinsel Cattigara verlängert, deren Form an diejenige Südamerikas erinnert, mit einem gut dargestellten, wenn auch vergrößerten

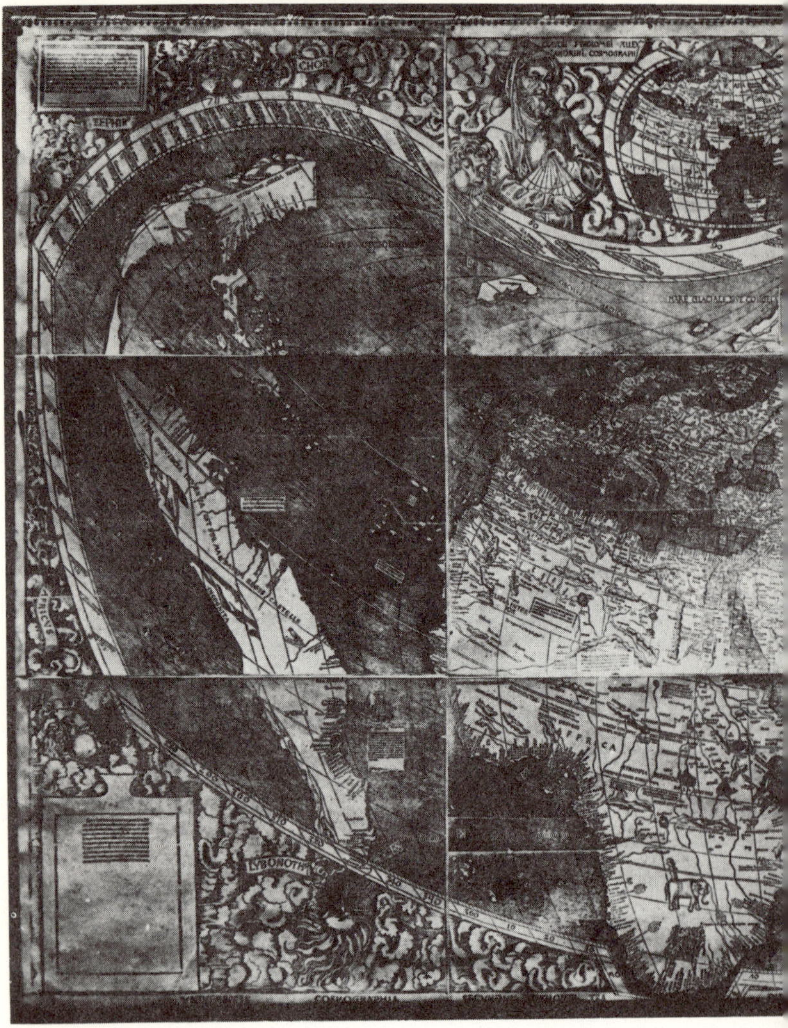

Bildtafel VII
Weltkarte von Martin Waldseemüller (1507)

AMERICI VESPUCI
AQVILO
CECIAS
ASIA

Feuerland, das durch eine Meerenge in nord-südlicher Richtung geteilt wird, wie wir im Kapitel I erwähnten. Die indonesischen Inseln befinden sich, dem von Ibarra Grasso[3] aufgezeigten „großen Irrtum" entsprechend, im Osten der Halbinsel, und Cipango liegt, in der traditionellen Form eines Rechtecks dargestellt, im Osten von Cathay. Grönland erscheint nicht, weder als Anhängsel Europas wie bei Martellus (1499) und Behaim (1492), noch als östlicher Ausläufer Asiens wie bei Contarini (1506). Die Gesamtheit des euroasiatischen Kontinents hat eine Breitenausdehnung von 230 Grad: die 180 des Ptolemäus zuzüglich 50, die „Ost-Indien" entsprechen, also 5 mehr als bei Marinus von Tyrus. Afrika hat eine mehr oder weniger richtige Form. Das Kap der Guten Hoffnung läßt der Autor viel weiter südlich als in Wirklichkeit liegen und scheut sich nicht, es über den Kartenrand hinausragen zu lassen, der auf 40 Grad verläuft. Mit einem Wort scheint die Weltkarte von Waldseemüller in bezug auf das, was wir die westliche Hemisphäre nennen, bloß eine Kopie der Karte Toscanellis zu sein. Von dieser unterscheidet sie sich nur durch die Form, die der Halbinsel Cattigara gegeben wurde. Es ist dieselbe, die wir schon 1489 bei Henricus Martellus (Abb. 5) antreffen. All dies muß im Jahr 1507 als nicht besonders brillant erscheinen. Doch das Bild wandelt sich vollkommen, wenn wir den westlichen Teil des Planiglobiums von Waldseemüller betrachten, denn hier sehen wir den amerikanischen Kontinent von der alten Welt vollständig getrennt. Sein nördlicher Teil wird nur durch ein mehr oder weniger regelmäßiges Rechteck von 2700 km Länge und 1500 km Breite dargestellt, das nach Südwesten durch die Halbinsel Florida verlängert ist. Im Norden schneidet eine gerade Linie die Zeichnung ab. Sie soll offenbar keine Grenze darstellen, sondern im Gegenteil andeuten, daß sich jenseits von ihr Länder unbekannter Ausdehnung befinden. Auch in dieser Beziehung ist die Karte archaisch. 1507 waren die Küsten Kanadas bereits offiziell erforscht, und die Karten erwähnten Neufundland und die *Baccalaurae*. Wir wollen hier darauf nicht näher eingehen, da wir uns im nächsten Kapitel ausführlich damit beschäftigen werden. Zentralamerika wird zu einem gewaltigen Landstreifen, dem gegenüber erscheinen die Antillen. Es ist von Südamerika durch eine Meerenge getrennt, die man seit Kolumbus vergeblich suchte.

Wir gelangen zum Südteil des Kontinents, der uns veranlaßt, die Weltkarte Waldseemüllers für „unmöglich" zu erklären. Dieser Teil bietet sich in beträchtlich deformierter Gestalt dar, was auf die angewandte Technik der Projizierung einer kugelförmigen auf eine ebene Darstellung zurückzuführen ist. Der Autor war sich über die gegebene Schwierigkeit klar und versuchte sie dadurch zu überwinden, daß er der ebenen Darstellung der beiden Halbkugeln die Gestalt zweier Medaillons gab. Auf dem rechten nimmt Südamerika die Form an, die wir heute von ihm kennen, zumindest bis zum 40. Grad südlicher Breite, wo beide Darstellungen – weit im Norden der Magallanes-Straße – durch den Kartenrand abgeschnitten werden. Noch überraschender ist, daß die Linienführung des Subkontinents in beiden Fällen von unglaublicher Genauigkeit ist. Wir geben nachfolgend die Zahlen wieder, die Alfredo Rodríguez Caltero[38] zusammenstellte, verglichen mit den heute bekannten Ausmaßen (in Kilometern):

Breite	Große Karte	Kleine Karte	Wirkliches Ausmaß
0°	3 777	2 999	3 333
10°	4 666	2 555	4 666
20°	2 555	3 111	3 333
30°	1 999	2 777	2 777
40°	1 444	1 666	1 055

Die Berechnung der Längen war zu jener Zeit wegen der Unzulänglichkeit der zur Verfügung stehenden Instrumente und der Unmöglichkeit, die Uhren über Entfernungen zu synchronisieren, außerordentlich ungenau. Die beiden Karten Waldseemüllers sind daher praktisch perfekt. Das gilt natürlich besonders für die große, da die kleine nicht viel mehr als eine schematische Darstellung ist, die uns freilich in ihrer Form, wie wir sie heute gewohnt sind, mehr anspricht. Auf dem 10. Grad sind die Werte der großen Karte mit den wirklichen identisch, und bei den sonstigen Breiten beträgt der Irrtum nie mehr als 12 %, während sich die gleiche Weltkarte in bezug auf die Ausdehnung Eurasiens um 77 % irt.

Um die ganze Bedeutung der Darstellung Waldseemüllers richtig einzuschätzen, muß man sich daran erinnern, daß im Jahr 1507 Pizarro noch nicht in Peru gelandet war (1532), Magallanes noch nicht die nach ihm benannte Meerenge erreicht hatte (1520) und Balboa von den Bergen der mittelamerikanischen Landenge aus noch nicht den Pazifik erblickt hatte (1514). Die zeitgenössischen Karten – Juan de la Cosa (Bildtafel VIII) von 1500, King-Hamy, Kunstmann II, Pesario, Caverio und Cantino von 1502, Maiolo 1504, Contarini (Abb. 7) 1506 und Ruysch 1508 – zeigen Südamerika nur mit den vagen

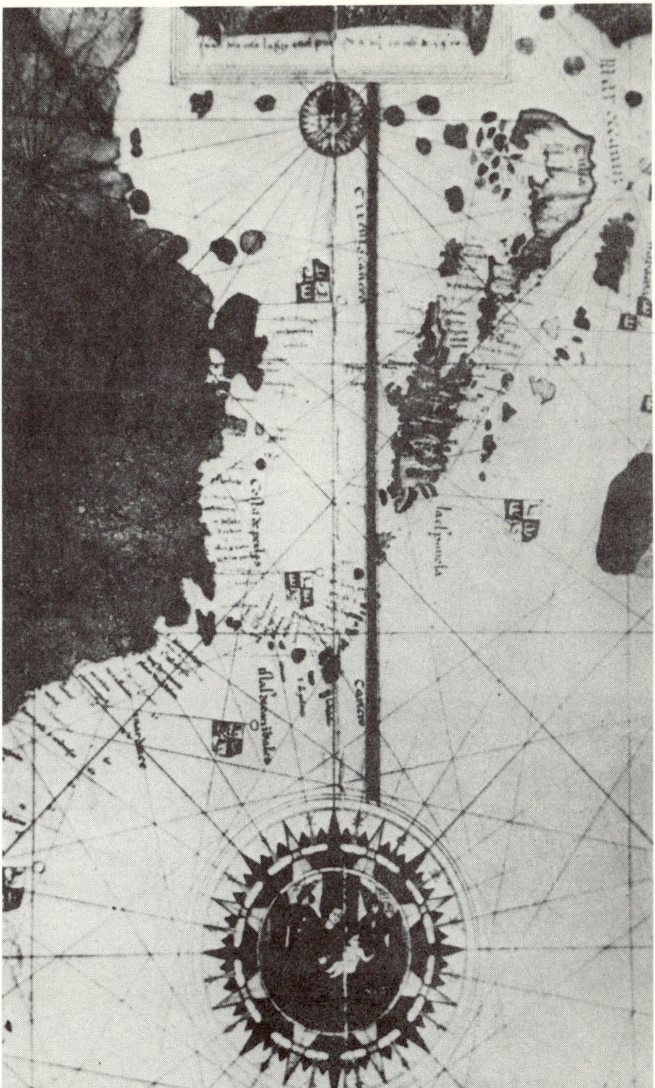

Bildtafel VIII
Karte von Juan de la Cosa (1500)

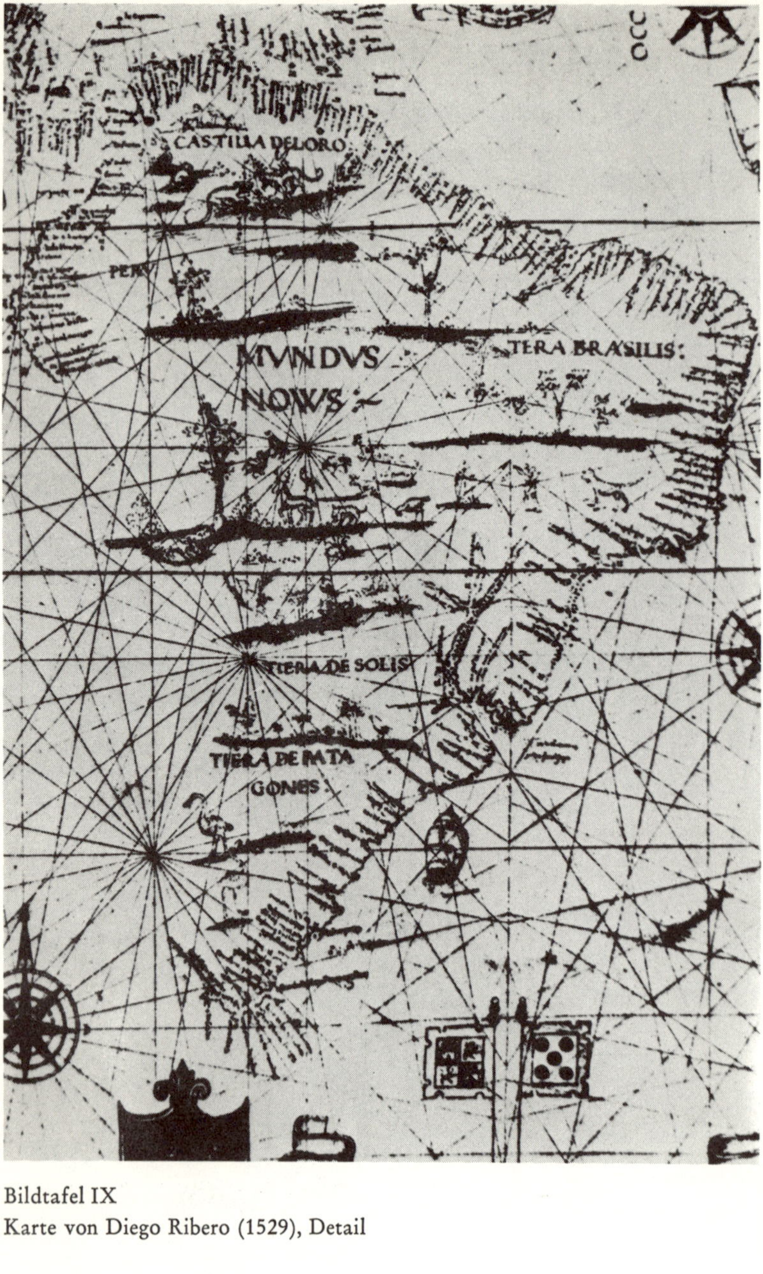

Bildtafel IX
Karte von Diego Ribero (1529), Detail

Umrissen seiner Ostküste bestenfalls bis zum Rio de la Plata und manchmal – bei King-Hamy und Kunstmann II – mit weißen Stellen. Außerdem glaubte man, daß die Küste von Parias und diejenige des Landes von Santa Cruz zu Ostasien oder doch jedenfalls zu der Halbinsel Cattigara, der südlichen Verlängerung Asiens, gehörten. Noch im Jahr 1529 wird Diego Ribero (Bildtafel IX und Abb. 13), der sich über den Kontinentalcharakter Amerikas allmählich Rechenschaft zu geben schien, davon absehen, seine Südostküste unterhalb des 10. Grades einzuzeichnen. Noch viel spätere Karten, wie die von Münster (Abb. 14) aus dem Jahr 1542, Ortelius (Bildtafel X von 1587 und Mercator (Bildtafel XI) von 1595 zeigen uns zwar ein vollständiges Südamerika, das jedoch längst nicht so genau dargestellt ist wie von Waldseemüller. Auf der Weltkarte (Abb. 11), die der Ausgabe von 1548 der „Geographie" des Ptolemäus zur Illustration beigegeben ist, sehen wir den (immer noch mit Asien verbundenen) Subkontinent zwar ganz, aber seine Westküste wird nur von einer willkürlich geschlängelten Linie dargestellt, die keineswegs ihre wirkliche Form oder auch nur ihre allgemeine Richtung korrekt wiedergibt.

Ab 1507 gibt es also zwei Arten von Karten: diejenigen, die die einander folgenden Entdeckungen (zumindest die offiziellen) der Spanier und Portugiesen an den Küsten Südamerikas wiedergeben, und diejenigen, die sich an Waldseemüller inspirieren oder ihn ganz einfach kopieren. Für die ernsthaften Geographen, ja sogar für das kultivierte Publikum der Zeit müssen diese letzteren einem Gebiet zugerechnet worden sein, das wir heute als „Science-fiction" bezeichnen – nicht ganz zu unrecht, da sie

Bildtafel X
Weltkarte von Ortelius (1587)

tafel XI
karte von Mercator (1595)

sich auf keinerlei bekannte Grundlagen stützen. Im gegenteiligen Fall hätten alle Kartographen sofort eine Darstellung übernommen, die viel befriedigender als die anderen war. Es scheint aber, daß die Weltkarte von Waldseemüller einigen Zeitgenossen Unbehagen bereitete. Zum Beispiel Kolumbus' Sohn Diego, dessen Rechte auf die väterliche Erbschaft (Titel und Zuwendungen) von der Krone vor Gericht bestritten und einige recht gute Argumente geltend gemacht wurden, wie das, der Admiral habe sich darauf beschränkt, fremde Entdeckungen auszubeuten. Beunruhigt waren vor allem auch die Maranen-Bankiers, die die Reisen des Kolumbus finanziert und sich einen Anteil an den laufenden Einnahmen gesichert hatten, die Kolumbus und seinen Erben aufgrund der königlichen *Capitulaciones* zuflossen. Gewiß muß auf Waldseemüller stärkster Druck ausgeübt worden sein, sein Werk zu widerrufen, da man es nicht vernichten konnte.

Tatsächlich veröffentlichte unser Kartograph im Jahr 1513 mit seiner *Tabula terrae novae* eine völlig verschiedene Weltkarte. Auf ihr sehen wir Asien in eindeutig verbesserter Form, wenn auch die Halbinsel Cattigara fortbesteht. Indien nimmt seine wirkliche Form an, obwohl seine Ausmaße kleiner als die des (übertrieben groß dargestellten) Indonesiens bleiben. Die Längenausdehnung des östlichen Kontinentes reduziert sich beträchtlich. Grönland erscheint als europäische Halbinsel im Norden Skandinaviens. Aber vor allem – und das ist es, was uns interessiert – bleibt von Amerika nur die ungenaue und unvollständige Andeutung seiner Südost-Küsten (Abb. 22) bis zum 30. Grad südlicher Breite. Gewiß bezieht sich Waldseemüller nicht auf diesen letzten Punkt, wenn er

Abbildung 22
Zweite Karte von Waldseemüller (1513). Detail.

schreibt, daß seine Karte einige Gesichtspunkte einschließe, „die von der alten Überlieferung abweichen, und von denen frühere Autoren nichts wußten". Denn was alle Welt mit Ausnahme von ihm und denjenigen, die ihn so gut informierten, nicht wußte, das waren die Form und die Ausmaße Südamerikas, das er – wie durch Zauberei

– von einer Weltkarte verschwinden läßt, deren Entstehen ohne den Rechtsstreit in Spanien schwer verständlich wäre. Genauso merkwürdig ist es, daß Waldseemüller auf einer Seekarte vom Jahr 1516 Kuba als „Teil Asiens" erwähnt.

Woher hatte sich unser Geograph – wir werden sehen, daß diese Bezeichnung nur mit äußerster Vorsicht gebraucht werden sollte – die Unterlagen beschaffen können, die zur Erstellung seines monumentalen Planiglobiums unerläßlich waren? Der argentinische Gelehrte (Jesuiten-) Pater Guillermo Furlong[38], Verfasser eines bemerkenswerten Werkes über die Kartographie der Jesuiten am Rio de la Plata, schreibt: „Mit den 1507 bekannten Elementen war es nicht möglich, die Form Südamerikas zu kennen, und es war die allgemeine Überzeugung, daß es sich dabei nur um einen Teil der Ostküsten Asiens handelte. Und trotzdem gab es jemand, der in diesem Jahr 1507 auf einer einzigen großen Karte ein doppeltes Bild unseres Kontinents gab, und zwar in seiner Gesamtheit, Norden, Süden, Osten und Westen, der ihn von Asien trennte und ihn mit dem Namen Amerika taufte. Weder Waldseemüller noch seine Mitarbeiter von Saint-Dié konnten die nötige Kenntnis besitzen, um das Bild Südamerikas so genau zu treffen. Das war nicht und konnte nicht Gelehrsamkeit oder Bildung sein; das war nur Intuition und Eingebung."

Es ist nicht von der Hand zu weisen, daß Waldseemüller die „Eingebung" hatte, die Halbinsel Cattigara von Asien zu trennen, um aus ihr einen neuen Kontinent zu machen. Schwieriger ist es schon, anzunehmen, daß er keinerlei Beziehung zwischen den jüngst entdeckten Gebieten und

„Ostasien" sah, das er auf einem Platz läßt, den es in Wirklichkeit nicht einnimmt, und daß er die Idee eines autonomen Amerikas konzipiert hätte, das zwischen Europa und einem Asien eingezwängt worden wäre, das er um 13 000km zu weit in den Pazifik hineinragen läßt. Ganz und gar unzulässig ist aber die Annahme, er habe Südamerika „intuitiv" die exakten Formen und Ausmaße gegeben. Man muß daher eine andere Erklärung, das heißt die Quellen suchen, zu denen Waldseemüller Zugang hatte. Hier taucht das Problem auf, welche Rolle Amerigo Vespucci dabei spielte.

Auf dem oberen Teil der Weltkarte von Saint-Dié sehen wir neben den beiden Medaillons mit den kleinen Weltkarten, von denen wir sprachen, die Abbildungen von Ptolemäus und Vespucci. Unter dem äußeren Kartenrand lesen wir in kleiner Schrift und lateinischer Sprache: UNIVERSALIS COSMOGRAPHIA SECUNDUM PTHOLOMAEI TRADITIONES ET AMERICI VESPUCII ALLORUMQUE LUSTRATIONES (Allgemeine Kosmographie nach der Überlieferung des Ptolemäus und den Reisen des Amerigo Vespucci und anderer). Man hat den Eindruck, wie Pater Furlong bemerkt, daß diese Worte im letzten Augenblick hinzugefügt wurden. Ja, wir haben fast die Gewißheit, daß sie nicht von der Hand Waldseemüllers stammen. Denn wir lesen über der Abbildung des Ptolemäus: *Claudii Ptholemei Alexandrini Cosmographi,* wobei im Namen des Dargestellten sich das *ae* in *e* verwandelt hatte, wie das damals nicht ungewöhnlich war. In der zuvor erwähnten Unterschrift jedoch ist der Name des *Ptholomaei* korrekt mit *ae* geschrieben, und man darf wohl kaum annehmen, daß derselbe Name auf demselben Dokument von derselben Person verschieden geschrieben wurde. Mehr noch: das Wort *America* erscheint in kleinen Großbuchstaben inmitten eines freien Raums auf der Darstellung Südamerikas, so als wäre auch dieses Wort, nachdem die Arbeit fertig war, dort hinzugefügt worden, wo gerade noch Platz war.

Diese doppelte Hypothese wird durch den Text eines kleinen Werkes bekräftigt, das der Weltkarte unter dem Titel *Cosmographiae universalis introductio* beigefügt ist. Denn es enthält die lateinische Übersetzung eines Briefes, den Vespucci 1504 an Pier Soderini, den Gonfaloniere von Florenz, schrieb, der jedoch hier als an Renatus II., Herzog von Bar und Lothringen gerichtet ausgegeben wird, ohne daß man jedoch auch die Widmung geändert hätte, die sich weiterhin auf den wirklichen Empfänger bezieht. Offenbar mußte man in größter Eile vorgehen. Der Herzog selbst hatte in den ersten Tagen des Jahres 1507 eine französische Übersetzung des Briefes dem Kloster von Saint-Dié, wo die Karte gedruckt wurde, zukommen lassen, und wir wissen, daß diese schon im Mai des gleichen Jahres in Straßburg zum Verkauf kam. Der Brief des Vespucci, an dem der Herrscher so interessiert war, mag Waldseemüller oder irgendeinem anderen eine Idee gegeben haben: die nämlich, Amerika den „vierten Teil der Welt“ zu nennen. Es wurden also der *Introductio* einige Nebenpunkte in diesem Sinne hinzugefügt: „Und im sechsten Klima, in Richtung auf die Antarktis, und in dem kürzlich entdeckten Teil Afrikas, in Sansibar, Klein-Java und auf der Insel Seule, und in dem vierten Teil der Welt (dem, da es Amerigo war, der ihn entdeckte, es angebracht ist, den Namen Amerigen zu geben, das heißt

Land des Americo oder America) befinden sich ..." Und weiter: „Nun: diese Teile sind weitgehend erforscht worden, so wie der vierte Teil von Amerigo Vespucci entdeckt wurde ... weshalb ich nicht einsehe, warum irgendjemand etwas dagegen haben sollte, daß wir ihn nach dem Namen seines Entdeckers, Amerigos, eines Mannes von scharfem Geist, Amerigen nennen könnten, das heißt Land des Amerigo oder America, da ja auch Europa und Asia Frauennamen tragen."

In dem fraglichen Brief, wie auch in einem anderen an Lorenzo de Medici gerichteten, erzählte Vespucci von den vier Reisen, die er längs der Küsten Südamerikas gemacht hatte, einschließlich derjenigen von 1501, die ihn bis zum 50. Breitengrad geführt hatte. Es ist über diese letzte Expedition viel diskutiert worden, und sie wird immer noch ein wenig in Zweifel gestellt. Einmal, weil Vespucci behauptet, die Höhe von San Julián erreicht zu haben ohne den Rio de la Plata zu sichten; aber auch Solís und Yánez Pinzón bemerkten diesen nicht. Zum anderen, weil der Florentiner Seefahrer sehr wenig Einzelheiten von seiner Reise berichtete; aber es handelte sich ja eben um eine heimliche Reise, die die Portugiesen in einem Gebiet durchführten, das durch die berühmte Bulle Papst Alexanders VI. Spanien zugesprochen worden war. Schließlich, weil der Schreiber gewiß kein Heiliger war; er fuhr im Dienst des Königs von Portugal, aber er widmete sich in Wirklichkeit der Spionage für die Krone von Kastilien. Wir besitzen den Beweis für seine Betätigung auf diesem Gebiet: im Jahr 1505, kaum von seiner letzten Reise zurück (wenn es eine solche überhaupt gab), verlieh ihm die Königin Johanna die Nationalität Kastiliens „aufgrund

Eurer Treue und einiger guter Dienste, die Ihr mir geleistet habt und mir, so hoffe ich, auch in Zukunft leisten werdet". Zum Sachverständigen am Hofe Kastiliens und später zum *piloto mayor* (Hauptsteuermann) der *Casa de Contratación* in Sevilla (einer Art Ministeriums für Handelsschiffahrt) ernannt, wo er verschiedene Expeditionen vorbereitete und organisierte, stets in der Hoffnung, die Durchfahrt zu entdecken, die die Gewürz-Route verkürzen würde, wäre Vespucci, der ja ein hervorragender Kosmograph und tüchtiger Seefahrer war, zweifellos in der Lage gewesen, eine portugiesische Fahrt in spanischen Hoheitsgewässern zu erfinden und die Nachricht darüber zu verbreiten, um Lissabon in Schwierigkeiten zu versetzen. Ob er das wirklich tat, ist eine andere Frage. Aber es ist nun einmal so, daß man dem Wort eines Spions nicht zu trauen pflegt.

Es gibt jedenfalls keinen Zweifel, daß die Beziehungen des Vespucci einen gewissen Einfluß auf die Arbeiten Waldseemüllers hatten. Als dieser von Renatus II. den Brief erhielt, den er in seiner Einführung erwähnte und kommentierte, fügte er seiner Karte die oben zitierte Erwähnung und sogar den Namen Amerika hinzu. Aber das schließt nicht aus, daß sich das Bild des Florentiners schon vorher auf der Karte befand. Mehr noch: Man verfügte in Saint-Dié auch über andere Unterlagen von geheimen Expeditionen nach den südamerikanischen Küsten. Wenn wir auf der Weltkarte die Ortsbezeichnungen des südlichen Teiles untersuchen, der uns hier interessiert (Abb. 23), werden wir darauf portugiesische Namen (Porto Seguro, Rio da Refena z. B.), aber auch spanische (Rio de Santa Lucia, Terra de Santa Maria de Gracia

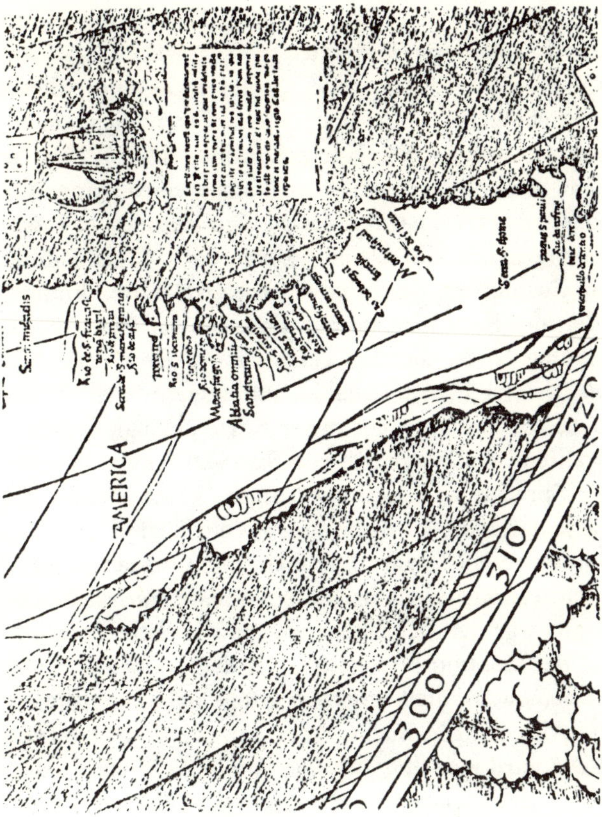

Abbildung 23
Weltkarte von Waldseemüller (1507). Detail.

usw.) finden. Lateinische Namen (Sancti Michaeli, Pagus S. Pauli) fehlen so wenig wie portugiesisch-spanisch-lateinische Mischworte (Rio S. Agustini, Rio S. Jacobi). Ja, es gibt sogar einen äußerst merkwürdigen Namen, Rio de

Virgine, der zwei spanische Wörter (Rio de) mit einem italienischen (Virgine) verbindet.

Die Quelle des größten Teiles (wenn nicht aller) dieser Ortsbezeichnungen ist portugiesisch. Tatsächlich finden wir sie fast alle auf der Karte Contino, einer Weltkarte aus dem Sommer 1502, die den Namen eines Spions des Herzogs von Ferrara trägt, der sie sich heimlich in Lissabon besorgen ließ. Es scheint jedoch, daß Waldseemüller keinen Zugang zu der fraglichen Karte hatte. Einmal, weil der alte Kontinent darauf eine sehr geringe Längenausdehnung hatte, die der Verfasser der *Cosmographiae introductio* erst 1513 übernahm, zum andern, weil sämtliche Ortsbezeichnungen auf dieser Karte portugiesisch waren, während die Weltkarte von Saint-Dié einige in lateinischer Sprache wiedergibt. Besorgte Waldseemüller die Übersetzung? Man wird daran zweifeln dürfen. Denn es ist nicht einzusehen, warum er nicht alle Ortsnamen lateinisch schrieb, wie er das in seiner *Tabula terrae novae* tat. Jedenfalls war der Übersetzer einwandfrei kein Portugiese. Auf der Contino-Karte lesen wir den Namen *A Bahia de Todos Sanctos,* die korrekte portugiesische Bezeichnung für die Allerheiligen-Bucht. Aber auf der Weltkarte von Saint-Dié wird eine *Abbatia Omnium Sanctorum* daraus, das heißt eine Abtei aller Heiligen. Ein solcher Irrtum macht einen unglaublichen Mangel an Urteilskraft bei dem offenbar, der ihn beging. Wer das auch immer war, unser berühmter Kartograph bleibt davon nicht ganz unberührt. Denn natürlich konnte es im Jahr 1507 am 29. Breitengrad keinerlei Abtei geben. Umso weniger, als die fragliche Bucht, die damals schon offiziell bekannt und getauft war, in Wirklichkeit auf 23° südlicher Brei-

te liegt. Waldseemüller oder sein Informant muß nur gewußt haben, daß sich dieses „Kloster" an einem großen Golf befand, ohne seine Lage zu kennen.
Soweit die identifizierbaren Ortsbezeichnungen gestatten, sich einen Begriff davon zu bilden, scheint es, daß unser Kartograph an der südamerikanischen Küste seine Namen mehr oder weniger auf gut Glück eintrug. So erscheint etwa die *Terra S. Tome* auf dem 35. Breitengrad, während das Gebiet, das diese Ortsbezeichnung normalerweise hätte tragen müssen (warum, werden wir im Kapitel VI sehen), viel weiter nördlich, in der Nähe des 26. Grades, liegt. Ungenauigkeiten dieser Art, so schwer sie auch seien, haben jedoch nichts Ungewöhnliches, da diese Angaben im allgemeinen von heimlichen Reisen stammten, deren Ergebnisse nicht offiziell bekannt gemacht wurden, um keinen Verdacht zu erwecken. Sie waren das Ergebnis einer Spionagetätigkeit, die in einer sehr vorsichtigen Umgebung durchgeführt wurde. Gelegentlich wurde die eine oder andere Geheimkarte freigegeben, aber meist war man auf durchgesickerte Indiskretionen angewiesen, die natürlich entsprechend unvollkommen und unzuverlässig waren.
Wie dem auch sei, waren die spanischen und portugiesischen Geheimexpeditionen, die Waldseemüller in einer Inschrift seines Briefes erwähnt, ebenso wie die französischen, die er nicht nennt, im besten Fall nicht über den 50. Breitengrad hinausgekommen. Keine von ihnen hatte die Meerenge erreicht oder auch nur gesichtet. Im gegenteiligen Fall hätte der Entdecker, sei es eine staatliche Macht oder eine Handelsgesellschaft gewesen, wahrscheinlich das Geheimnis für einige Zeit zu wahren ge-

wußt, aber seine Rivalen hätten nicht lange dazu gebraucht, um sich Rechenschaft darüber abzulegen, daß seine Schiffe von einem Ozean in den anderen fuhren. Die Häfen Europas waren wenig zahlreich und voll von Spionen. Wir haben also die Gewißheit, daß im Jahr 1507 keine offizielle oder geheime Expedition irgendeiner damals noch aktiven Seefahrernation die Meerenge durchfahren oder das Kap Hoorn umschifft hatte. Anderseits waren auch die Westküsten Südamerikas von ihnen noch nicht erforscht. Trotzdem erscheinen sie auf der Weltkarte Waldseemüllers so genau wie die Ostküste, ja vielleicht noch genauer.

Alexander von Humboldt[25] versucht, die Angelegenheit mit Ableitungen zu erklären, die man nur aufgrund damals bekannter Fakten hätte machen können. Er sagt uns zunächst, daß man die Pyramidenform Südamerikas aufgrund der Kurve hätte vermuten können, die seine Küsten jenseits des Kap San Agustín in südwestlicher Richtung beschreiben. Das mag sein, aber nur, wenn man wußte, daß es sich um ein vom Ozean umgebenes Stück Land handelte. Kolumbus wußte das nicht, da er es mit dem Land Cattigara verwechselte, das er für eine asiatische Halbinsel hielt. Aber gerade Waldseemüller teilte seine Ansicht nicht, vorausgesetzt, daß er diese gekannt haben sollte. Denn einerseits erscheint auf seiner Karte die Halbinsel Cattigara unabhängig von der Neuen Welt und anderseits hat ganz Amerika darauf die Charakteristiken eines selbständigen Kontinentes, was eine noch eindruckvollere Neuigkeit als die genauere Zeichnung seiner Küsten war.

Humboldt fügt hinzu, daß man die Form Südamerikas in

Analogie zu derjenigen Afrikas hätte erraten können. Unbestreitbar wußte man lange vor den Expeditionen des Bartolomé Dias' und Vasco da Gamas, daß es möglich war, um das Kap der Guten Hoffnung herum, vom Atlantischen in den Indischen Ozean zu gelangen. Gewiß ist der äußerste Süden Afrikas bereits auf dem Planiglobium des Sanuto von 1304, in der Mediceischen Kartensammlung von 1356 und vor allem in der Weltkarte des Fra Mauro verzeichnet, die im Jahr 1459 erwähnt, daß eine „Dschunke aus Indien“ im Jahr 1420 den *capo di Diab* passiert habe und 2 000 Meilen weiter westlich in den Atlantik vorgedrungen sei. Aber die spitz auslaufende Form Südamerikas hat mit der sanft gerundeten Afrikas wahrscheinlich nicht allzuviel Ähnlichkeit.

Enrique Ruiz-Guiñazú[39] hält noch eine dritte Erklärung bereit: Vespucci habe die fortschreitende Verengerung der südamerikanischen Landmasse nach Süden ermitteln können, „weil die beobachteten Flüsse, mit Ausnahme des Rio de la Plata, von Norden nach Süden immer weniger tief und immer weniger breit werden, wie das nacheinander der Amazonas, der Rio Negro und der Rio Santa Cruz beweisen, um nur die wichtigsten zu nennen.“ Mit Ausnahme des Rio de la Plata. Was für eine Ausnahme! Aber auch ohne Berücksichtigung dieses Riesenstromes sind die von Nord nach Süd abnehmenden Ausmaße der Flüsse für jemand schwer wahrnehmbar, der nur an der Küste entlangsegelt. Und ohne andere Beispiele zu suchen als die, die der hervorragende argentinische Historiker anführt, bleibt die Tatsache, daß die Mündung des Rio Santa Cruz viel eindrucksvoller als diejenige des (weiter nördlich gelegenen) Rio Negro ist. Außerdem hätte das Volumen der

Flüsse ebenso wie das Beispiel Afrikas doch nur für die Ostküsten des Subkontinents gelten können, während die Weltkarte von Saint-Dié gerade auch die westlichen mit so erstaunlicher Genauigkeit angibt. Es bleibt uns also gar nichts anderes übrig, als das Vorhandensein einer unbekannten Quelle genauer Daten über die Neue Welt anzunehmen.

Wir müssen uns dabei mit diesem Martin Waldseemüller beschäftigen, den Humboldt[25], der nichts ohne Grund sagt, eine „geheimnisvolle Persönlichkeit“ nennt. Alles läßt uns annehmen, daß er nur der materielle Autor der Weltkarte von Saint-Dié war: ein ausgezeichneter Kartograph, aber nicht mehr. Tatsächlich entbehrt sein Meisterwerk jeglicher einheitlichen Konzeption, die ihm ein Kosmograph verliehen hätte. Die Darstellung der Alten Welt ist bei ihm, wir sagten es schon, eindeutig archaisch, während die der Neuen den zeitgenössischen Karten um ein halbes Jahrhundert voraus ist, so, als hätte er der Welt-
ist bei ihm, wir sagten es schon, eindeutig archaisch, während die der Neuen den zeitgenössischen Karten um ein halbes Jahrhundert voraus ist, so als hätte er der Welt-
karte des Marinus von Tyrus ganz einfach Amerika hinzugefügt. Mehr noch: ein aus dem Gleichgewicht geratenes Amerika. Der südliche Subkontinent ist perfekt oder doch beinahe perfekt, aber der nördliche, obwohl im Gegensatz zur Ansicht aller damaligen Geographen einschließlich Kolumbus' von Asien getrennt, umfaßt nicht die nördlichen Länder – Grönland, Baccalaurae, Labrador, Neufundland – die doch schon im Lauf der vorangegangenen zehn Jahre offiziell erforscht worden waren und also auf anderen Karten der gleichen Zeit verzeich-

net waren. Dagegen finden wir bei ihm, bemerkenswert verzeichnet, die damals nur sehr unvollkommen aufgenommenen Küsten der heutigen Vereinigten Staaten. Fast überall sind die Ortsbezeichnungen aufs Geratewohl angegeben, so, als hätte sie der Autor hinterher auf die bereits fertig gezeichnete Karte eingetragen, nachdem er sie sich aus früheren Karten oder mehr oder weniger richtig verstandenen Reisebeschreibungen herausgesucht hatte. Wir haben das bereits in bezug auf Südamerika gesehen. Für Nordamerika wollen wir uns darauf beschränken, auf den unzulässigen Irrtum hinzuweisen, daß er Parias im Süden des Golfes von Mexiko liegen läßt, statt an der Nordküste des südlichen Halbkontinents, das heißt im Süden des Antillen-Meeres, wohin es Kolumbus versetzte.

Über das Leben Waldseemüllers[40] wissen wir nicht allzu viel. Er wurde gegen 1482 in Freiburg im Breisgau geboren. Seine dort gemachten klassischen Studien müssen recht oberflächlich gewesen sein, wie aus den Veränderungen hervorgeht, die er seinen Familiennamen erleiden ließ. Daß jemand aus Waltzemüller Waldseemüller macht, mag immerhin noch verständlich sein, Wer aber Wald mit υλη und Müller mit μίλος übersetzt, um aus diesen beiden griechischen Worten ein latinisiertes Hylacomilus zu machen, zeigt gewiß keine sehr profunde klassische Bildung. Er war nicht älter als 18–20 Jahre, als er nach Saint-Dié gerufen wurde, und doch schon ein außergewöhnlicher Kartograph, wie seine Weltkarte zeigte, deren Ausarbeitung mehrere Jahre erforderte. Er beherrschte nicht nur die handwerkliche Technik des Holzschnitts gründlich, sondern er hatte auch die Phantasie und die mathematischen Kenntnisse, die dazu gehörten, um diese herzförmige Karte mit ihrer äußerst komplexen Kugelprojektion zu schaffen. Er war das, was wir heute einen Spezialisten nennen würden.

Nur so erklärt sich die Dürftigkeit der wenigen Texte, die wir von ihm besitzen, und besonders seiner *Cosmographiae introductio;* nur so auch die Leichtigkeit, mit der er auf seinem Gebiet die Ansicht wechselt. Alles scheint darauf hinzuweisen, daß seine Arbeit lediglich darin bestand, die Unterlagen auszuarbeiten, die man ihm zur Verfügung stellte, was er mit völliger Teilnahmslosigkeit tat. Das zeigt eine Passage aus seiner *Introductio,* in der es heißt: „Es geschah mit Absicht, daß wir hier dem Ptolemäus, dort den Seekarten gefolgt sind. Ptolemäus selbst sagt im Kapitel V seines X. Buches, daß einige Teile der Welt aufgrund ihrer übermäßigen Größe uns nicht zur Kenntnis gelangt sind ... Und so haben wir die Dinge kombiniert. . ."

War Waldseemüller in Saint-Dié wenigstens von fähigen Kosmographen umgeben? Ganz gewiß nicht. Denn wenn wir fast gar nichts über den „Meister Hylacomilus" wissen, so noch weniger über das Vogesen-Gymnasium, das ihn berufen hatte. Es handelte sich um eine jener Bildungsanstalten, von denen uns noch heute das zur gleichen Zeit gegründete *Collège de France* einen Begriff gibt. Der Herzog von Lothringen hatte in Saint-Dié Männer von hoher Kultur zusammengeführt, die sich ohne alle materiellen Sorgen und ohne jegliche Verpflichtung ganz ihrer bevorzugten Arbeit hingeben konnten. Sozusagen die Infrastruktur der Gruppe war ein im 10. Jahrhundert säkularisiertes, ehemaliges Benediktiner-Kloster, das unter dem Vorsitz eines Probstes im Bischofsrang von einem Kollegium von Kanonikern geleitet wurde. Einige Namen von Mitgliedern des Gymnasiums, Zeitgenossen Waldseemüllers, sind überliefert: Gaultier Lud, Kaplan und Sekretär des Herzogs, ein anderer Lud, Bruder des Vorgenannten, von dem nichts weiter bekannt ist, Pierre de Barru, Verfasser von *La Nancéide*, dem lothringischen Nationalgedicht, Jean Basin de Sandacour, Herausgeber des erwähnten Gedichtes nach dem Tod seines Verfassers, Mathias de Ringmann (Philesius Vogesigena), von dem die lateinischen Verse stammen, die der *Cosmographiae introductio* vorangestellt sind. Sie alle waren Humanisten, keine Mathematiker oder Geographen. Aber der Herzog, sein Gönner, war begeisterter Liebhaber der Kosmographie und interessierte sich besonders für die Entdeckungen, die die Spanier und Portugiesen im Abendland wie im Orient machten. Alles läßt uns annehmen, daß er es war, dem die Initiative zuzuschreiben ist, die kolossale Weltkarte zu entwerfen, die 1507 erschien. Dafür war eine Druckerei nötig. Der Kanonikus Gaultier Lud übernahm es, sie einzurichten. Die materiellen Mittel fehlten nicht. Das Ordenskapitel war weltliche Obrigkeit der Gegend und daher berechtigt, Steuern einzutreiben. Es fehlte auch ein Kartograph. So berief man Waldseemüller. Und schließlich brauchte man auch noch Informationen. Der Herzog selbst übernahm es, sie zu beschaffen.

Renatus II., Herzog von Bar und Lothringen, König *in partibus infidelium* von Jerusalem und Sizilien, stammte über seine Mutter, Yolanda von Anjou, vom guten König Renatus ab, der, da ohne männlichen Erben, die Provence an Frankreich abgetreten hatte. Er regierte jenes Lothringen, das damals ein Bindeglied zwischen dem Reich, dem es nominell zugehörte, und dem französischen Königreich war, dem es durch die Sprache des Hofes und des größeren Teiles der Bevölkerung verbunden war. Souverän eines Herzogtums, das niemand beunruhigte, war er in Deutschland wie in Frankreich gern gesehen. Er war wahrscheinlich im Besitz, wenn nicht von Archiven, so doch von Überlieferungen, die bis auf die Zeit zurückgingen, in der seine Vorfahren in Sizilien den Thron der Normannenkönige innehatten. Ja, vielleicht hütete er sogar irgendein altes Familiengeheimnis. Ist das die Erklärung für das außergewöhnliche Interesse, das dieser Monarch eines Landes ohne Zugang zum Meer für die überseeischen Entdeckungen zeigte? Jedenfalls war er es, der die *Lettera*, den berühmten Brief des Vespucci, an das Vogesen-Gymnasium gelangen ließ, und gleichfalls er, der im Jahre 1508 das unerläßliche Material für die Ausarbeitung der neuen Karte bereitstellte, die der Straßburger Ausgabe der „Geographie“ von Ptolemäus beigegeben wurde.

Für einen regierenden Fürsten war es zu Anfang des 16. Jahrhunderts nicht allzu schwierig, sich alle Karten zu verschaffen, die in den Ländern, mit denen er diplomatische Beziehungen unterhielt, verfügbar waren. Auch hatte er wie alle Welt die Möglichkeit, von den in allen großen Häfen eingesetzten Spionen geheime Dokumente mit Schilderungen der neuesten Entdeckungen käuflich zu erwerben. So konnte er in Lissabon oder Ferrara eine Kopie der Cantilo-Karte oder doch wenigstens die Daten erhalten, aufgrund derer sie angefertigt worden war. Dagegen wirft die *Lettera* des Vespucci ein Problem auf, das wir nur durch Ableitung lösen können. Wir sagten schon, daß es nicht das italienische Original war, das er dem Gymnasium zur Verfügung stellte, sondern eine französische Übersetzung. Der anonyme Verfasser der einzigen Biographie, die wir über Waldseemüller besitzen, fraglos der Vicomte d'Avezac, behauptet, der Herzog habe sie in Lissabon erhalten. Nichts ist weniger wahrscheinlich. Einmal, weil in diesem Fall der Text in der italienischen Originalsprache oder im örtlichen Portugiesisch abgefaßt gewesen wäre. Zum anderen, weil die Veröffentlichung eines Briefes mit dem Beweis einer Verletzung internationaler Verträge durch die Portugiesen – nämlich nicht nur der Bulle Papst Alexanders VI., sondern auch des spanisch-portugiesischen Vertrages von Tordesillas – nicht Lissabons, sondern nur das Interesse des Hofes von Kastilien sein konnte, dessen Agent Vespucci war, wie wir wissen. Schließlich hatte auch die französische noch nicht die lateinische als Sprache der Diplomaten ersetzt, und niemand benutzte sie damals im internationalen Verkehr. Die *Lettera* in französischer Sprache konnte nur aus Frankreich gekommen sein. Aber wer in diesem Land interessierte sich für Amerika? Die Normannen, deren Schiffe seit Jahrhunderten die Küsten Kanadas und Brasiliens anliefen.

Fünftes Kapitel

DIE NEUEN LÄNDER

Es ist nicht unsere Absicht, hier auf die Entdeckung und Kolonisierung Nordamerikas durch die in Grönland ansässigen isländischen Wikinger zurückzukommen. Das ist nicht Geographie, sondern Geschichte. Was darüber zu sagen ist, haben wir in einer vorhergehenden Arbeit[4] zusammengestellt. Damit unsere Analyse verständlich wird, sei hier nur daran erinnert, daß Bjarni Herjulfson, dessen Schiff bei einer Fahrt nach Island und Grönland im Jahr 986 durch einen Sturm nach Südwest abgetrieben worden war, ein unbekanntes Land sichtete, dessen Küsten er entlang fuhr, ohne zu landen. Im Jahr 1000 unternahm Leif Eriksson, Sohn Erichs des Roten, die Untersuchung des so entdeckten Gebietes und erforschte nacheinander die Küsten von Labrador und Neufundland (Helluland oder Land der Steinplatten), Neuschottland (Markland oder Land des Holzes) und Neuengland (Vinland oder Land des Weines). Im Lauf der nächsten Jahre wurden drei weitere Expeditionen (die letzte im Jahr 1011) durch verschiedene Mitglieder der gleichen Familie durchgeführt, ehe man dazu schritt, ständige Niederlassungen zu gründen. Diese waren, wie wir aus kirchlichen Dokumenten wissen, blühend bis gegen Ende des 13. Jahrhunderts und vielleicht sogar bis zum Anfang des 14. Jhs. Dann ging der Kontakt verloren. Anderseits berichten die nordischen Sagen auch von irischen Kolonien, die schon im 10. Jahrhundert in Huitramannaland, dem Land der Weißen Männer, bestanden, das auch gelegentlich Groß-Irland genannt und von einigen Autoren als im Süden von Vinland, von anderen als auf der (heute kanadischen) Halbinsel Gaspé liegend angegeben wird, ohne daß sich übrigens die beiden Theorien gegenseitig ausschließen.

In bezug auf Groß-Irland besitzen wir keinerlei kartographische Unterlagen. Das gleiche gilt auch für die Waliser Niederlassungen, die im 12. Jahrundert in Alabama und später am Missouri von Fürst Madoc gegründet worden waren. Dagegen sind zwei Karten erhalten, die uns die von Isländern erforschten und – zumindest teilweise – besiedelten Gebiete zeigen.

Die erste von ihnen wurde 1957 gefunden. Sie illustriert ein anonymes Manuskript aus dem Jahr 1440, *Relatio tartara,* das von einer im 13. Jahrhundert gemachten Reise durch Asien berichtet. Ihre Authentizität steht außer Zweifel, und ihr Datum wurde von den Sachverständigen der Yale-Universität* bestätigt. Es handelt sich um eine

---

* Im Jahr 1965 nach einer gründlichen Untersuchung des Dokuments durch eine Gruppe von Spezialisten. 1974 jedoch erklärte die gleiche Universität aufgrund eines Gutachtens einer Gruppe von Studenten, es handele sich um eine Fälschung. Wir sind nicht in der Lage, zu beurteilen, ob sich Yale 1965 oder 1974 irrte. Aber wir sind der Ansicht, daß ein so schwerer Irrtum, wurde er gestern oder heute begangen, der fraglichen Hochschule jede Autorität auf diesem Gebiet nehmen würde. Anderseits können wir den unerquicklichen Präzedenzfall der mittelalterlichen Freske in der Kathedrale von Schleswig nicht vergessen, die ein Dr. Hirschfeld als der für Bildende Kunst zuständige Beamte der Britischen Militärregierung in Deutschland 1945 als Fälschung vernichten ließ. Es handelte sich

Weltkarte, auf welcher im Osten eines mit bemerkenswerter Genauigkeit dargestellten Europas die Längenausdehnung Asiens einer gewaltigen Einschränkung gegenüber den damaligen Vorstellungen unterzogen worden ist. Der Indische Ozean ist nach der Konzeption des El Edrisi nach Osten geöffnet. Seine nördlichen Küsten sind so verengert, daß sie nicht zu erkennen sind. Im Süden erscheint die *Terra Australis* als halbinselförmige Verlängerung Afrikas, das auf Äquatorhöhe durch eine fast gradlinige Küste begrenzt wird. Der Pazifische Ozean vereint sich mit dem Atlantischen im Süden Australiens und eines derart verkürzten Afrikas.

Im Westen Europas und Afrikas sehen wir eine Vielzahl kleiner Inseln, die mehr oder weniger zu identifizieren sind, und zwei große in rechteckiger Form, die wir schon erwähnten, als wir von der Karte des Benincasa (1462) sprachen, und deren eine auf der Karte des Pareto (Bildtafel XI) verzeichnet ist. All dies entspricht also den Daten, die alle Geographen der damaligen Zeit gemeinsam hatten. Neu ist, daß wir in der Arktis nicht nur Island, sondern auch Grönland in seiner ganzen Ausdehnung sehr gut gezeichnet antreffen. Um die Mitte des 15. Jahrhunderts konnten nur die Skandinavier so genau die Umrisse des Grünen Landes kennen, denn sie hatten dort während vier Jahrhunderten blühende Niederlassungen unterhal-

---

um die Darstellung eines Truthahnes aus dem 12. Jahrhundert, und dieses amerikanische Tier konnte und durfte damals in Europa nicht bekannt gewesen sein, da ja Amerika bekanntlich erst drei Jahrhunderte später „entdeckt" wurde. Jedenfalls stimmt die Darstellung Vinlands auf der fraglichen Karte mit derjenigen von Waldseemüller überein, dessen Weltkarte ein sicheres Datum hat.

ten, die nur wenige Jahre vor der Anfertigung der Weltkarte, mit der wir uns beschäftigen, auf mysteriöse Weise verschwanden. Der unbekannte Zeichner der Yale-Karte muß also über genaue Informationen aus nordischer Quelle verfügt haben.

Weiter westlich erscheint eine große Insel von 1800 km Maximallänge und etwa 800 km Breite mit der von uns so übersetzten lateinischen Inschrift: „Insel Vinland, gemeinsam entdeckt von Bjarni und Leif". Eine darüber befindliche lange Anmerkung (hier gleichfalls aus dem Lateinischen übersetzt) fügt hinzu: „Nach einer langen Schiffsreise von Grönland durch das Eis nach Süden entdeckten die Gefährten Bjarni und Leif ein äußerst fruchtbares neues Land, wo sogar Wein gedieh, und das sie Vinland nannten." In diesem Text gibt es einen kleinen Irrtum, da Bjarni und Leif getrennt zwei aufeinander folgende und sich ergänzende Reisen machten, übrigens mit dem gleichen Schiff. Aber die Identifizierung der dargestellten Länder ist nichtsdestoweniger so klar wie möglich. Fraglich bleibt, ob die Darstellung Phantasie war, wobei der Autor lediglich den Inhalt ihm bekannter Sagen gewissermaßen illustriert hätte, oder ob im Gegenteil das Vinland auf der Yale-Karte die Wiedergabe einer Realität war, was bedeuten würde, daß der Autor genaue geographische Kenntnisse von Nordamerika gehabt haben müßte.

Nichts ist einfacher, als unserer Weltkarte (Abb. 24) unter Zugrundelegung des gleichen Maßstabes und der Krümmung der Grade, die die zeitgenössische Kartographie (nach Ptolemäus) gewohnt war, die genauen Umrisse der Neuen Welt hinzuzufügen. Die allgemeine Überein-

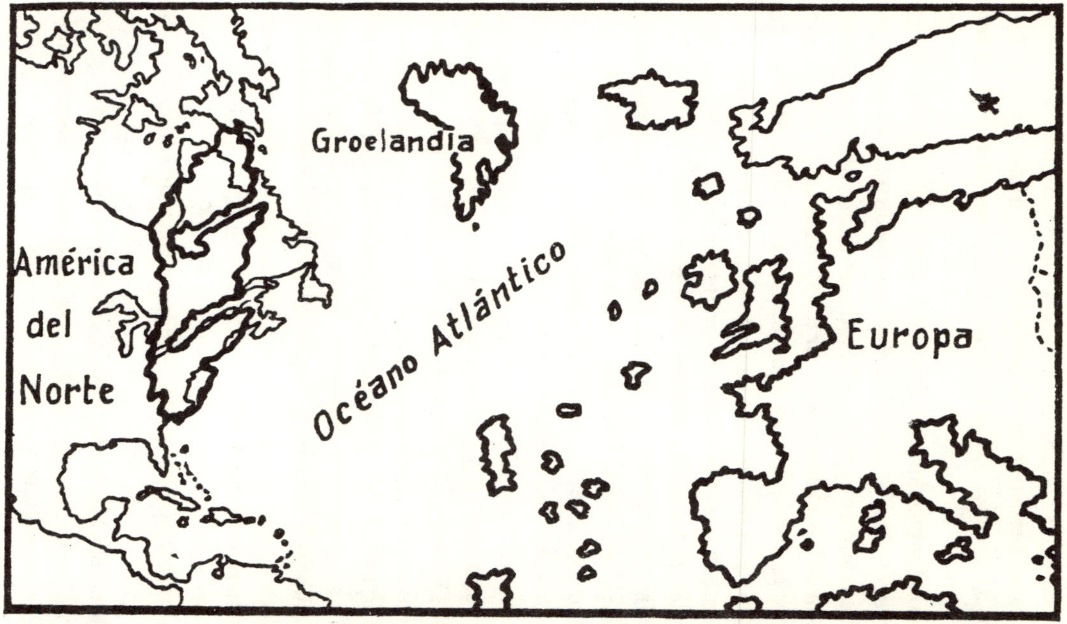

Abbildung 24
Anonyme Karte von 1440, auf die genauen Umrisse Nordamerikas projiziert. Detail.

stimmung ist vollkommen. An der Ostküste der Insel Vinland öffnen sich tatsächlich zwei tiefe Fjorde. Der eine im Norden läuft in eine Art Lagune aus. Der andere hat genau dieselbe Richtung und Ausdehnung wie der Sankt Lorenz-Strom, den er zweifellos darstellt. Wenn wir den „Fjord“ das Gleiche wie diesen Fluß sein lassen, stellen wir fest, daß Vinland im Süden die kanadische Halbinsel Akadien (Neu Braunschweig und Neu Schottland) und alle heutigen nordamerikanischen Staaten des Ostens von Maine bis Georgia umfaßt. Im Norden des St. Lorenz-Stromes verliert Labrador die auf Neufundland gerichtete Spitze, und diese Insel verschwindet völlig. Der nördliche Meeresarm und seine Lagune können also nichts anderes sein als die Hudsonstraße und die Hudsonbai, ungenau gezeichnet und etwas weiter südlich als sie tatsächlich liegen. Ganz im Norden ist Baffinland mit den Festlandsteilen, denen es vorgelagert ist, wirklichkeitswidrig verbunden.

Die Darstellung Vinlands auf der Yale-Karte ist daher keineswegs nur symbolisch. Es handelt sich eindeutig um das Ergebnis von geographischen Erhebungen, die mindestens so genau wie diejenigen waren, die man zur gleichen Zeit überall machte. Ja, selbst die Fehler, auf die wir hinwiesen, sind für uns nicht ohne Interesse. Sie beweisen nämlich, daß die Wikinger das Gebiet südlich des St. Lorenz-Stromes gründlich kannten, weniger jedoch Labrador und das Gebiet des Hudson. Das spricht gegen die Hypothese von Helge Ingstad[41], der Vinland mit Neufundland, Markland mit Labrador und Helluland mit Baffinland gleichsetzt. Wäre es so gewesen (obwohl auch andere nautische, geographische und klimatische Umstände dagegen sprechen), dann hätten die Wikinger den Norden „ihrer“ Insel besser als den Süden kennen müssen. In Wirklichkeit dürften sie das Gebiet des Hudson nur gelegentlich aufgesucht haben, um dort zu jagen, denn es war (und ist auch heute noch beinahe) unbewohnbar, während Labrador und Neufundland für sie nur Stützpunkte für die Fischerei gewesen sein dürften. Das kleine Dörfchen, dessen Ruinen Helge Ingstadt in Anse-au-Meadow an der Nordspitze Neufundlands entdeckte, bestätigt, daß die Wikinger dort nur einen unbedeutenden Stützpunkt hatten.

Die Karte von 1440 zeigt uns also, daß die Isländer Vinlands ein gewaltiges Gebiet erforscht hatten, das in einer Tiefe von 800 km von Baffinland bis in den Norden Floridas reichte, daß sie, ehe der Kontakt mit dem Mutterland verloren ging, kartographische Erhebungen von für die damalige Zeit bemerkenswerter Genauigkeit angestellt hatten, und daß diese einigen in Europa noch im 15. Jahrhundert bekannt waren. Ja, auch später noch hielt man sich daran: das Nordamerika Waldseemüllers (Bildtafel VII) entspricht – mit Ausnahme von Florida und Mexiko, die aufgrund der spanischen Entdekkungen hinzugefügt wurden – dem Vinland der *Relatio tartara.* Das eigentliche Vinland hat jedoch bei ihm eine mehr geometrische Form, die nur den Osten der heutigen USA und den äußersten Süden Kanadas bis zum St. Lorenz-Strom einschließt. Der Kartograph von Saint-Dié wußte wohl – wir wiesen bereits darauf hin – daß sich die fraglichen Länder im Norden fortsetzen: Er deutete das in seiner Zeichnung durch einen geraden Strich an. Aber er hat wohl nicht die nötigen Unterlagen besessen, um seine Arbeit zu vervollständigen. Er kannte also die Yale-Karte nicht. Aber wir können versichern, daß das Vogesen-Gymnasium über geheime Informationen verfügte, die aus der gleichen skandinavischen Quelle kamen,

Abbildung 25
Karte von Sigurdur Stefansson (1590).

die 70 Jahre zuvor der anonyme Autor der Weltkarte zur Illustrierung der *Relatio tartara*, verwendete, nur daß sie weniger vollständig waren.
Die andere Karte (Abb. 25), die uns erhalten geblieben ist, hat sicherlich nicht den gleichen Wert wie die, die wir eben analysiert haben. Im Jahr 1590 – und nicht 1570, wie die einzig erhaltene Kopie angibt – von dem Isländer Sigurdur Stefansson gezeichnet, ist sie beinahe nicht mehr als der mit mythologischen Reminiszenzen vermischte Widerschein einer Legende gewordenen Überlieferung. Nicht ohne wissenschaftliche Ambitionen – sie ist sogar mit Gradeinteilung versehen – stellt die Karte den Norden des Atlantischen Ozeans und seine arktische Verlängerung so dar, als handele es sich um einen großen Golf. Im Osten finden wir von Süden nach Norden Britannien, Irland und den äußersten Westen Skandinaviens; im Norden *Jötunheimar*, „die Heimat der unförmigen Riesen", von Norwegen getrennt durch das, was „man glaubt", es sei „eine Meerenge, die nach Rußland führt" (mit F auf der Karte bezeichnet), und das Land der *Klofinna* oder der krallenfingrigen Finnen (D); im Nordwesten das Riseland (C), das Land der Riesen, dessen „Bewohner Hörner tragen und sich *Skirkfinna* nennen" (furchtbare Finnen). Im Westen folgen einander von Nord nach Süd Grönland, als große Halbinsel unregelmäßig und willkürlich gezeichnet und merkwürdig nach Südost gerichtet; Helluland (G), ein „in den Geschichten häufig genanntes steiniges Land"; Markland und Skraelinge Land (das Land der Eskimos und Indianer) mit zwei Anmerkungen: „A. Bis in dieses Gebiet gelangten die Engländer. Es ist durch seine von Sonne und Kälte hervorge-

rufene Unfruchtbarkeit bekannt“; „B. Nahe dieser Gegend befindet sich Vinland, so genannt nach der Vielzahl nützlicher Dinge, die man darin findet, das Gute. Unsere Landsleute glaubten, daß es im Süden ins Meer übergeht, und daß eine Meerenge und ein Fjord es von Amerika trennen,“ das heißt von den von Kolumbus entdeckten Gebieten. Von diesem Vinland sondert sich im Norden eine Landzunge ab, die die Inschrift trägt *Promontorium Vinlandiae*. Die Sagen gestatten uns, sie zu identifizieren, wenn sie uns erzählen, daß Leif Eriksson, ehe er Vinland erreichte, zwischen einer Insel und einem Vorgebirge hindurchfuhr, das dem Kontinent „in Richtung Norden und Osten“ vorgelagert war. Die einzige Gegend, die dieser Beschreibung entspricht, ist diejenige, die das Kap Cod (englische Entstellung des französischen Wortes *coude* = gekrümmt) und die Insel Nantucket bilden. Ihre Nachbarinsel heißt heute Marthas Vineyard, in deren Süden sich das heutige Rhode-Island befindet, wo wilder Wein gedeiht, und deren Mikroklima außergewöhnlich mild ist. Die Karte des Stefansson zeigt uns schließlich im Ozean die Orkaden, die Shetlands (Eastland), die Färöer Inseln und Island mit Friesland: „Ich weiß nicht, um welche Insel es sich bei dieser handelt, aber es ist möglich, daß es diejenige ist, die ein Venezianer entdeckte und die die Deutschen Friesland nennen.“

Nicht alles an dieser merkwürdigen Karte ist abzulehnen. Einmal finden wir auf ihr 73 Jahre nach der Expedition des Cabot keine Angabe aus der postkolumbianischen Kartographie Nordamerikas – es handelt sich ausschließlich um eine Zusammenstellung isländischer Überlieferungen. Zum anderen ist sowohl Helluland (Labrador und Neufundland) als auch Markland (Akadien) in Gestalt bergiger Halbinseln dargestellt, was der Wirklichkeit ziemlich nahekommt. Schließlich gibt das *Promontorium Vinlandiae* korrekt die Nordgrenze Vinlands an, das unser Kartograph jedoch nicht mit Genauigkeit bezeichnen kann „Nahe diesem Gebiet befindet sich Vinland ..." Aber die Yale-Karte hat uns gezeigt, daß dieser Begriff nicht nur das Gebiet bezeichnet, wo Leif seine Ortschaft Leifsbudir errichtete, sondern die Gesamtheit des von den Wikingern erforschten Nordamerikas. Jedenfalls bestätigt uns die Karte von Stefansson – und das ist es, was uns interessiert – daß man in Island noch hundert Jahre nach des Kolumbus Thule-Reise die Erinnerung an die Länder des Westens bewahrte.

Die Erwähnung der Insel Friesland, vielleicht „derjenigen, die ein Venezianer entdeckte", bringt uns zu einem Dokument, das in seiner Art von den vorhergehenden sehr verschieden, aber nicht weniger präkolumbianisch ist. Es handelt sich um eine Karte, die 1558 von Nicolás Zeno, einem Nachkommen der Brüder Antonio und Carlos Zeno, aufgrund von Karten und Berichten gezeichnet wurde, die der Erstgenannte dem anderen zwischen den Jahren 1390 und 1405 geschickt haben soll. Sehr jung, als er diese Familienpapiere erbte, habe Nicolás einen Teil von ihnen vernichtet, ohne sich über ihre Bedeutung Rechenschaft abzulegen. Später hätte er dann ihren Inhalt und besonders die Karte mit Hilfe erhaltener Reste aus dem Gedächtnis rekonstruiert. Nach Nordenskjöld sollen zwei Kopien der von Antonio Zeno[32] aus Friesland besorgten Originalkarte aus der Zeit vor 1492 existieren, was zu bestätigen uns jedoch nicht möglich war.

Nach der von Nicolás Zeno veröffentlichten Arbeit habe ein Vorfahr des Verfassers, der denselben Vor- und Nachnamen wie er hatte, Mitglied einer erlauchten Familie venezianischer Seefahrer, die der Republik einen ihrer Führer (dux) stellte, im Jahr 1390 an der Küste Frieslands im Norden Schottlands Schiffbruch erlitten und sich dem örtlichen Souverän, einem Skandinavier namens Zichmni zur Verfügung gestellt. Wenig später zum Kommandanten der friesischen Flotte ernannt, half Nicolás dem Fürsten, sich der benachbarten Inseln zu bemächtigen, und ließ seinen Bruder Antonio nachkommen. Beide begleiteten Zichmni auf einer Expedition nach Grönland, wo Nicolás starb. Als das Geschwader in seinen Stützpunkt zurückgekehrt war, hielt es sich nicht lange auf, um erneut auszulaufen und unbekannte Länder im Westen des Atlantik zu entdecken.
25 Jahre zuvor waren tatsächlich einige friesische Fischer durch einen Sturm auf die Insel Estotiland verschlagen worden, deren zivilisierte Bewohner eine eigene Sprache und Schrift besaßen und früher Beziehungen mit Europa hatten, da sie in ihrer Bibliothek lateinische Bücher besaßen, die damals schon niemand mehr lesen konnte. Die gestrandeten Friesen, die der örtlichen Marine einverleibt worden waren, erreichten eines Tages ein Drogeo genanntes Land im Süden, das außerordentlich reich an Gold war. Auf der Rückkehr fielen sie Menschenfressern in die Hände, und nur einer rettete sein Leben, weil er den Eingeborenen die Kunst, mit Netzen zu fischen, beibrachte. Er lebte 13 Jahre unter den nackten Wilden, die den Gebrauch der Metalle nicht kannten, obwohl es im Südwesten Stämme gab, die in Dörfern lebten, Tempel hatten,

in denen sie Menschenopfer darbrachten, und Gold und Silber bearbeiteten. Dem Fischer gelang es schließlich, zu fliehen und in sein Land zurückzukehren.
Auf der Suche nach den westlichen Ländern liefen Zichmni und Antonio Zeno mit einer bedeutenden Flotte aus, deren größeren Teil sie jedoch fast sogleich in einem heftigen Sturm verloren. Zuerst erreichten sie die Insel Icaria, die diesen Namen zur Erinnerung an ihren ersten Herrscher, den Sohn des Diodoro, König von Schottland, trug. Aber deren Bewohner ließen sie nicht landen. Nach sechs Tagen Schiffsreise in westlicher und vier in südwestlicher Richtung entdeckten sie ein von Urwäldern bedecktes und von einem Vulkan beherrschtes Land. Meeresvögel waren im Überfluß vorhanden, deren Eier man überall fand. Zichmni nannte den sichersten Hafen der Gegend Trin und entschloß sich, hier eine Stadt zu errichten. Schließlich erhielt Antonio Zeno vom Fürsten die Genehmigung, in seine Heimat zurückzukehren, wo er im Jahr 1405 eintraf. Im gleichen Jahr starb er.
Seit Jahrhunderten wird die Authentizität dieses Berichtes umstritten. Was uns betrifft, so bleiben wir dabei, was wir in einer vorhergehenden Arbeit[4] geschrieben haben: Wenn der Bericht erfunden war, dann stürzte sich sein Autor auf exakte Tatsachen anderer Herkunft, und es sind die Tatsachen, nicht ihre Herkunft, die uns hier interessieren. Es ist offensichtlich, daß ein Venezianer des 16. Jahrhunderts die Beschreibung nicht erfinden konnte, die er in seinem Werk von einem Kloster auf Grönland gibt, das mit aus einer benachbarten Quelle stammendem und in unterirdischen Leitungen herbeigeführtem kochendem Wasser geheizt wurde. Auch die Anhäufung von Fi-

schen in dem Fjord, in den die heiße Quelle mündete, kann er sowenig erfunden haben wie die Boote, die aus gekochter und über ein Gerüst aus Knochen gespannter Seehundhaut gemacht wurden. Anderseits scheint es so, daß Zichmni niemand anders war als der Normanne Saint-Clère (den die Engländer Sinclair nannten), der, zum Grafen der Orkaden gemacht, das ehrenwerte Handwerk seiner seeräuberischen Vorfahren wiederaufnahm.

Auf der Karte, die die soeben wiedergegebene Geschichte illustriert (Abb. 25), erkennen wir den Norden Schottlands, Dänemark und den Westen Norwegens. Mit diesem letzteren Land ist Grönland (Grolandia), das im Norden durch den Kartenrand abgeschnitten wird, durch eine gewellte Linie verbunden, auf der wir lesen „Unbekannte Meere und Länder“. An seiner – übrigens bis zu einem Thon P (romontorium), in der Reproduktion des Grafen Miniscalchi Rizzo „Ther“ genannten Kap fast gradlinigen – Küste öffnet sich eine breite Bucht mit dem (etwas landeinwärts liegenden) Kloster des Heiligen Thomas *(St. Thomas Coenobium)*. Das Grüne Land Erichs des Roten verlängert sich nach Südwesten durch eine gewaltige Halbinsel, Engronelant genannt, deren geographische Erhebung in bezug auf Küsten, Gebirge und Flüsse sehr detailliert ist. Im Westen finden wir eine Halbinsel Estotiland, die durch den Kartenrand abgeschnitten wird, und unter den gleichen Umständen ein Stück Land, das den Namen Drogeo trägt. Im Ozean liegen die drei großen Inseln Island, Friesland und Estland, ohne von Ikaria weiter im Westen zu sprechen.

Lassen wir diese letztere im Augenblick beiseite. Die drei

ersteren sind dank ihrer Ortsbezeichnung leicht zu identifizieren. Island ist korrekt dargestellt, wie die Namen Anaford (Anarfjördr), Rok (Reykjavik), Flugases (Fuglaskjer), Scalodin (Skálholt) und Olensis (Holanes) beweisen. Auch die kleinen Inseln vor seiner Küste haben erkennbare Namen, so entstellt sie auch sind: Bres (in Wirklichkeit: Bressa), Mimant (Mainland), Iscaut (Unst), Talu (Teal), Broas (Bures), Tras (Tronda). Estland ist nichts anderes als die Gruppe der Shetland-Inseln mit erkennbaren Ortsbezeichnungen: Onlefort (Olna Firth), Olofort (Onge Firth), Sumber (Sumbergh), Scaluogi (Scalloway), Bristund (Brossa Sund), Lombies (Lambness). Was Friesland anbetrifft, um das es unendliche Diskussionen gegeben hat, und das einige Geographen wie Hakluyt (er nennt es auf seiner großartigen Karte von 1699 Freyland) – um von Sigurdur Stefansson gar nicht zu sprechen – nicht zögern, für eine abgesonderte Insel zu halten, so ist es nichts anderes als die Gruppe der Färöer Inseln. Fünf seiner Ortsbezeichnungen lassen keinen Zweifel daran: Sanestol (Sandsbugt), sudero Golfo (Suderö), Ledeno (Lille Dimon), Monaco (Munk), Streß (Strömö). Anderseits scheint alles darauf hinzudeuten, daß es sich bei den Inseln Podanda und Conlanis im Norden Schottlands um Pentlend (Orkaden) und Caithness handelt. Alle diese Inseln sind völlig unbekümmert um ihre Proportionen dargestellt, so als käme es mehr auf ihre Bedeutung in der Erzählung als auf ihre realen Ausmaße an. Das ist besonders bei Friesland der Fall, das übrigens an falschem Ort eingetragen ist, da die Färöer-Inseln nordwestlich der Shetland-Inseln liegen. Solche Entstellungen sind nichts Ungewöhnliches, wenn das Original der Karte

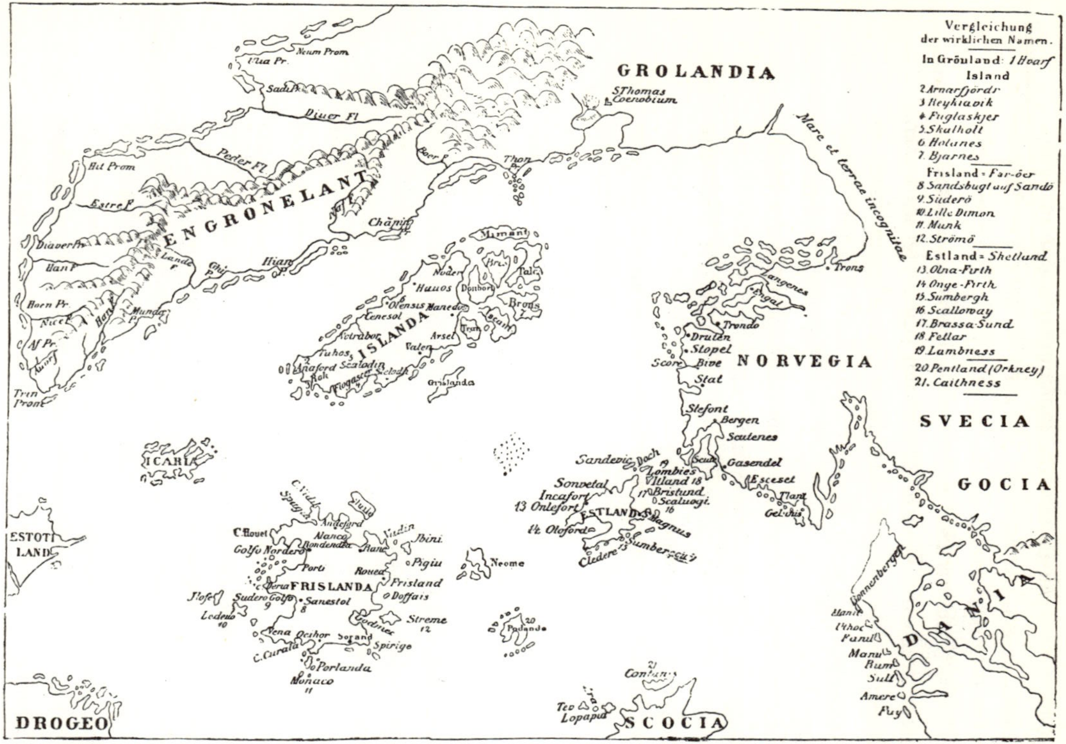

Abbildung 26
Karte von Antonio Zeno, veröffentlicht 1558.

aus den ersten Jahren des 15. Jahrhunderts stammt. Aber sie wären in der Mitte des 16. Jh.s schwieriger zu verstehen, was für die Atuthentizität des im Jahr 1558 veröffentlichten Dokumentes spricht.

Engronelant wirft ein auf den ersten Blick viel schwerer zu lösendes Problem auf. Zahlreiche Geographen haben es ganz einfach für Grönland gehalten. Eine solche Auffassung wird tatsächlich von der Form bestärkt, die ihm Antonio Zeno gab, zumal etwas vor der Südspitze der Halbinsel ein Af P (romontorium) entdeckt, das auffällig an das Hvarf erinnert, das die Norweger an der Südküste Grönlands liegen ließen. Trotzdem ist eine solche Identifizierung unannehmbar. Einerseits ist Grönland auf der Karte schon im Norden dargestellt, wo es auch hingehört, anderseits wird Engronelant von zahlreichen Flüssen durchfurcht, während die Insel Erichs des Roten ein eisiges Land gewaltiger Ausmaße ohne den geringsten Wasserlauf ist.

Der Irrtum der Geographen ist zu einem großen Teil auf die ptolemäische Projektion der Karte von Antonio Zeno zurückzuführen, an die wir nicht gewöhnt sind. Um dieser eine „normale“ Erscheinungsform zurückzugeben, muß man die Halbinsel Engronelant zurechtrücken und ihr, ohne die Länge ihrer Südspitze zu verändern, eine Nord-Süd-Ausrichtung geben. So wird Grönland nach dem Westen „verschoben“, während das Vorgebirge von Trin und mit ihm Estotiland und Drogeo nach Süden rücken. Island nimmt dann seine richtige Position im Osten der Grünen Insel ein, und Engronelant entspricht auf einer derart aktualisierten Karte dem zusammenhängenden Gebiet von Baffinland, Labrador und Neufundland bis zur Mündung des St. Lorenz-Stromes. Das Bergmassiv, das wir darauf sehen, wird zur Bergkette an der Ostküste Labradors. Das Meer westlich dieses Komplexes ist die (ungebührlich nach Süden verlängerte) Hudsonbai, in die die parallel verlaufenden Flüsse mit Quellen in den Gebirgen im Osten Engronelants münden. Wenn unsere Auslegung richtig ist, hat Antonio Zeno aus Grönland (dessen Form er beibehielt) und dem Norden Kanadas ein einziges Land gemacht.

Engronelant ist also nichts anderes als Leif Erikssons Helluland, das seit dem Jahr 1000 von den Wikingern, wenn nicht besiedelt, so doch häufig aufgesucht wurde. Die Beschreibung, die uns Antonio Zeno von dem Gebiet von Trin mit seinen dichten Wäldern und Seevögeln gibt, scheint einer isländischen Saga entnommen. Es ist daher nicht überraschend, daß alle Namen von Landvorsprüngen (Af, Hoen, Iaver, Hit, Ulia, Neum, Chanpin, Hian, Chi, Munder) und Flüssen (Auorf, Nice, Han, Estro, Peder, Diuer, Boer, Naf, Lande, Han) nordisch klingen.

Einfacher ist die „Insel“ Estotiland zu identifizieren. Sie stellt, zu einer einzigen Landmasse zusammengefaßt, das äußerste Ende der Halbinsel Akadien und die angrenzenden Inseln dar. Ihre Umrisse einschließlich eines Meerarms, der die Bucht von Fundy darstellt, sind klar erkennbar. Auf der 1558 gedruckten Karte sieht man im Norden der „Insel“, dort, wo sich heute Newcastle oder Bathurst befinden, das Symbol einer Stadt, eine Burg mit drei Türmen. In der hier wiedergegebenen Reproduktion von Cronau, wurden alle Zeichen dieser Art weggelassen, um die Karte, deren Original-Ausmaße 36,3 × 26,8 cm sind, verkleinert darstellen zu können, ohne die Lesbarkeit der Ortsbezeichnungen allzu sehr zu beeinträchtigen. Auch die Längen- und Breitengrade, die sich, nebenbei bemerkt, auf der *carta da navigar* des Zeno sowenig wie auf den übrigen Atlanten dieser Art befunden haben dürften, wurden der Übersichtlichkeit halber fortgelassen. Der Name Estotiland wird im allgemeinen mit „Land vor dem Osten" übersetzt, und wir sind in einer früheren Arbeit[4] diesem Beispiel gefolgt. Gabriel Gravier[42] leitet ihn aus dem nordischen *East-Outland* ab, was er mit „Land außerhalb des Ostens" übersetzt. Aber *East* ist Angelsächsisch. Ost hieß in Alt-Skandinavisch *austur.* Wie dem auch sei, ist es wenig wahrscheinlich, daß europäische Seefahrer ein Land mit „Esto" bezeichnet hätten, das für sie im Westen lag. Wir halten daher eine zweite Auslegung Graviers für wesentlich befriedigender, die er in seiner Mitteilung an den Amerikanisten-Kongreß von 1877 in Luxemburg machte: das von Antonio Zeno gebrauchte Wort sei nicht Estotiland, sondern Escociland, Land der Schotten, d. h. der Iren gewesen. Der Irrtum habe sich eingeschlichen, als in der Mitte des 16. Jahrhunderts in einem schlecht erhaltenen Manuskript ein 150 Jahre alter Text entziffert wurde. So würde sich alles erklären: die Friesen wären in eine fünf oder sechs Jahrhunderte zuvor von irischen Mönchen kolonisierte Gegend gelangt. Sie hätten sich dort mit den Nachfahren von deren Laienbrüdern getroffen, einer Art verheirateter Dienstboten, die zu den Klöstern der *culdees* gehörten. Es gibt also nichts Überraschendes dabei, wenn diese eine eigene Sprache – Walisisch – und eine eigene Schrift – die altirische Oghamschrift – benutzten und daß ihre Herren noch lateinische Bücher besaßen. Wäre es so, dann verdankte der

Osten Akadiens seinen heutigen Namen Neu-Schottland keinem Zufall, sondern einer uralten örtlichen Überlieferung.

Was nun Drogeo betrifft, ein Land, das mit Escociland ständige Handelsbeziehungen unterhielt, so kann es sich nur um das von menschenfressenden Wilden umgebene Vinland, das heutige Neu-England, handeln. Nach der Beschreibung des friesischen Fischers müssen die zivilisierten, aber nicht europäischen Völker im Südwesten die Mexikaner gewesen sein. Bleibt nur ein einziger unklarer Punkt: Icaria, die Insel, auf der Zichmni und seine Männer wegen des Mißtrauens der Bevölkerung nicht landen konnten. Sein Name hat keine besondere Bedeutung: es muß eine mythologische Reminiszenz des Venezianers gewesen sein. In bezug auf seine Bewohner besitzen wir nur einige vage Angaben. Man wollte in ihnen Indianer sehen, weil sie sich zum Kampf mit gutturalen Schreien anfeuerten – das taten die Wikinger auch, und nicht nur sie – und weil „sie sich alle Arten von Befehlen durch Feuer und Signale übermittelten". Das ist umso weniger überzeugend, als die Abgesandten, die sie zu Zichmni schickten, sich an ihn „in zehn verschiedenen Sprachen, von denen man nur eine einzige, die isländische, verstehen konnte", richteten. Außerdem sind die nautischen Angaben von Antonio Zeno klar und genau. Von Icaria aus erreichte das Geschwader, wie wir bereits gesehen haben, nach sechs Tagen Seereise mit günstigem Wind in westlicher Richtung Trin irgendwo an der Mündung des St. Lorenz-Stroms, und fuhr dann noch weitere vier Tage nach Südwesten. Die Insel – jedes unbekannte Land war damals eine Insel – lag also im äußersten Süden Grön-

lands. Es muß sich um irgendeine norwegische Siedlung gehandelt haben, deren Bewohner in berechtigter Furcht vor den Plünderungen der Engländer, ja sogar eines gewissen Sinclair, Abwehrstellung einnahmen.
Die genaue Lage Icarias hat außerdem für uns nur nebensächliche Bedeutung. Das Gebiet, das uns interessiert, ist Estotiland (oder vielmehr Escociland), das heißt das Markland Leif Erikssons. Wir wissen aus den Sagen, daß man in der ersten Hälfte des 14. Jahrhunderts von Grönland, Island und Norwegen aus immer noch dorthin fuhr, wahrscheinlich aufgrund einer Wiederentdeckung aus dem Jahr 1285. In diesem Jahr hatten sich die Brüder Adhalbrand und Thorvald Helgasson, zwei isländische Priester, mit dem Bischof von Skálholt, Arne Thorlaksson, gegen König Erik von Norwegen zusammengetan. Sie mußten das Land verlassen und stachen vermutlich mit der Absicht in See, Vinland zu erreichen, mit dem jegliche Verbindung abgerissen war. Aber sie erreichten ein unbewohntes Land, das sie *Fundu Nyialand*, das gefundene neue Land oder Neufundland tauften. Es trägt diesen Namen noch heute, wenn auch in seiner angelsächsischen Form Newfoundland. Adhalbrand starb ein Jahr nach seiner Ankunft. Thorvald fiel, man weiß nicht wie, in die Hände des Gouverneurs von Island und wurde an Norwegen ausgeliefert, wo er König Erik Magnusson von seiner Reise berichtete. Im Jahr 1290 beauftragte dieser einen gewissen Rolf, das so wiederentdeckte Gebiet zu erforschen. Er muß Erfolg gehabt haben, denn als er im Jahr 1295 starb, nannte man ihn *Landa-Rolf*, den Länder-Rolf oder Rolf den Erforscher. Es überrascht uns also nicht, daß die Norweger die Markland-Route wiederaufnahmen. Die

Sagen berichten, das ein kleines grönländisches Schiff, das im Jahr 1347 von Markland zurückkehrte, aufs Meer getrieben wurde und zufällig nach Island gelangte.
Das Vorhandensein der *Terra Nova* war also gegen Ende des Mittelalters keinerlei Geheimnis. Als Juan (John) Cabot 1496 in englischen Diensten die Küsten Kanadas erforschte, beschränkte er sich darauf, die nordischen Namen der Gegend ins Lateinische zu übersetzen. Der Kanzler Bacon schrieb überdies wahrheitsgemäß, daß „man die Erinnerung an einige im Nordwesten vorher entdeckte und für Inseln gehaltene Länder bewahrte, die jedoch in Wirklichkeit mit dem nordamerikanischen Festland verbunden waren." Tatsächlich wurde in jener Zeit der Name *Terra Nova* nicht nur auf die Insel angewandt, die heute noch diesen Namen (Neufundland) trägt, sondern auch auf alle angrenzenden Gebiete: Akadien, Québec und den Süden Labradors. Seine ersten französischen Erforscher (beginnend mit Jacques Cartier) trafen dort nicht ohne Überraschung die Spuren einer früheren Bevölkerung an, die nicht nur christlich war, sondern auch im Fall einiger Indianer anthropologisch eindeutig europäische Züge trug[43].
Die alten Ortbezeichnungen der Region bestätigen – und das wollten wir aufzeigen – in unbestreitbarer Weise die Eindrücke der Entdecker des 16. Jahrhunderts. Der Kapitän Jean Parmentier aus Dieppe erwähnt in seinem Bericht über die 15 Jahre zuvor von dem Florentiner Verazzano in französischen Diensten entdeckte Franciscana, daß dieses Land „wegen seiner Bewohner Norwegen" genannt wird[44]. Die zur Illustrierung des Berichtes von Castaldi (übrigens höchst mangelhaft) gezeichnete Karte

zeigt uns die *Terra di Norombega* als eine Insel, die genau Akadien und dem Nordostteil des nordamerikanischen Staates Maine entspricht. Das Wort Norumbega ist nicht indianisch, sondern im Gegenteil nur eine leichte Abwandlung von *Noroenbygd*, dem nordischen Wort für „Land der Norweger". Der norwegische Einfluß muß sich übrigens noch weiter nach Westen ausgedehnt haben. Zur Zeit der französischen Konquista wurde das spätere Québec von den Indianern *Stadacone* genannt[45] und das spätere Montréal *Hochlaga*. Das sind zwei kaum veränderte nordische Wörter. Das eine kommt (nach Hermann Munk) von *stad* (Stadt) und *konr* (edel), der Wortwurzel von *konungr* (königlich) und bedeutet also „königliche Stadt". Das andere setzt sich aus *haugr* (Hügel) und *leggja* (Lager im militärischen Sinn des Wortes) zusammen, was also „hoch gelegenes Lager" oder ganz einfach „Hochlager" bedeutet.

Auf der Karte von Gastaldi lesen wir von Ost nach West folgende Ortsbezeichnungen: Cap des Bretons (heute Cap Canseau), nicht identisch mit Cap Breton und der Ile des Bretons; Port du Refuge, Port Réal und Le Paradis an der Küste gegenüber einer ziemlich großen Insel Briso; ferner Flora, mehr oder weniger auf der Mitte der Küste von Norumbega; schließlich Angoulesme auf einer Halbinsel nahe der Ostgrenze des Gebietes. Auf dem Globus von Vulpius (Bildtafel XII), der aus dem Jahr 1542 stammt, finden wir im Süden der *Terra Laboratoris* (Labrador) und von dieser durch eine tiefe Flußmündung getrennt die Namen Cimeri, Cavo de Brettoni, Flora, Corte Magiore, Refugio, Promont., S. Franc., Porto Réal, C. S. Iohan., Normanvilla und R. del Solo.

Bildtafel XII
Globus von Vulpius (1542), Nordteil Amerikas

Der Name Cap Breton hat allem Anschein entgegen nichts mit der Bretagne zu tun. Er ist nichts anderes als eine Verballhornung von Capberton, dem Namen eines Fischerdorfes in der Nähe von Bayonne. Tatsächlich begannen die Basken im 13. Jahrhundert, an den Küsten der Gascogne Walfische zu jagen. Es gibt dafür unzählige Beweise in den Archiven, und auch in der Heraldik finden wir das bestätigt. Man sieht in der Gegend noch die Ruinen der Türme, von denen aus die Riesen des Meeres beobachtet wurden, und Öfen, in denen das Fett der erlegten Tiere gekocht wurde. Doch bald blieben die Wale den gefährlichen Küsten fern, und die Fischer mußten immer tiefer in den Ozean vordringen. Ein Fachschriftsteller des 17. Jahrhunderts[46] bemerkt dazu: „Die großen Vorteile und die Leichtigkeit, die die Bewohner von Capberton und die Basken von Guyenne bei der Walfischjagd antrafen, wirkten als Anreiz, um sie immer kühner zu machen, bis sie ihre Beute auf allen Längen- und Breitengraden des Ozeans suchten." Tatsächlich gelangten sie bis nach Amerika, und vielleicht wußten sie sogar, wo sie waren. Einer von ihnen, Jean d'Echaide, soll sogar in Terranova einen Hafen gebaut haben, und zwar gerade dort, wo in den Ortsbezeichnungen (z. B. *Punta de los Vascos,* Landzunge der Basken, im Süden Neufundlands) Spuren ihrer Gegenwart erhalten sind. Schmelzöfen für Walfischfett fand man sogar an den Ufern des St. Lorenz-Stromes und in Blanc-Sablon in Labrador[47].
Die Basken waren nicht die einzigen, die die Küsten Kanadas anliefen. Die Archive von Honfleur in der Normandie und Saint-Malo in der Bretagne bewahren die Beweise dafür, daß in der Mitte des 15. Jahrhunderts jedes

Jahr bedeutende Fischerei-Flotillen nach Neufundland fuhren, um dort Klippfisch zu fangen, wie das auch die hochseegängigen Schiffe aus La Rochelle taten. Im Jahr 1540 schrieb der spanische Botschafter in Frankreich, Francisco Bonvallet, Abt von Saint Vicent in Rouen, an Karl V., er habe den König von Frankreich aufgesucht und von diesem die Zusicherung erhalten, das Cartiers Flotille nicht die Gegenden aufsuchen würde, die Spanien und Portugal zugesprochen worden seien, sondern nur diejenigen, wo seine eigenen Schiffe schon 80 Jahre vor denen der Spanier und Portugiesen gewesen seien[49]. Die Spanier kannten diese Vorgänge sehr wohl. Im Jahr 1511 erteilte König Ferdinand von Aragon dem Katalanen Juan de Agramonte die Genehmigung, „ein Land, das sich *Terranova* nennt, zu erreichen und zu entdecken", und verpflichtete ihn, in seine Besatzung nur „Untertanen dieses Königreiches" aufzunehmen, mit Ausnahme von zwei bretonischen Steuerleuten, „die schon einmal dort gewesen waren".

In schlüssiger Weise bestätigt die Kartographie die Tatsachen, die wir hier kurz aufgezeigt haben. Die Karte von Jean Ruysch zeigt „Gruenland", *Terra Nova* und die *Baccalaurae* (Klippfisch-Länder). Diese letzteren finden wir an zwei Stellen des Globus von Vulpius (Bildtafel XII): *Baccalearum Regio* in großen Buchstaben über *Verrazana sive Nova Gallia* (d. h. Neu-Frankreich) und *Baccalos* an der Küste Labradors. Diese Erwähnung könnte man Fischzügen zuschreiben, die erst nach den Entdeckungen von Juan und Sebastián Cabot, Gaspar und Miguel Corterreal und Verazzano stattfanden. Aber wir haben ein viel älteres Dokument. Auf einer der Karten im Atlas des Andrea Bianco (1436) befindet sich genau dort, wo Neufundland liegt, eine Insel mit dem Namen *Stocafixa*, was nichts anderes als „Stockfisch“ heißen kann, als welchen alle germanischen Sprachen den Klippfisch in getrocknetem Zustand bezeichnen. Das kann keine Phantasie sein.

Die Ortsbezeichnungen auf der Karte des Gastaldi sind mit größerer Vorsicht zu behandeln. Es ist nämlich nicht ausgeschlossen, daß Verazzano – die Weltkarte, die aufgrund seiner Angaben von einem portugiesischen Kartographen angefertigt wurde, blieb zunächst für eine gewisse Zeit geheim und ging danach verloren – und Jean Parmentier gewisse Orte der Küste, an der sie entlangfuhren, nach den Ereignissen benannten, die sich gerade zutrugen, wie das der Brauch der Zeit war. Das ist jedoch im Fall von *Norumbega* nicht so. Es wird deutlich als örtlicher Name erwähnt. Der Globus von Vulpius dagegen illustriert keine spezielle Reise. Er ist eine Zusammenstellung von Daten verschiedenen Ursprungs, und die verwendeten Ortsbezeichnungen in Latein, Spanisch, Portugiesisch und Italienisch zeigen das deutlich. In Labrador begegnen wir (nicht immer sehr korrekt geschriebenen) portugiesischen und lateinischen Namen portugiesischen Ursprungs: C(abo) Frio, C(abo) Branco, Terra Cortereaslis, Baccalos, C(abo) de Bonavista, Terra Laboratoris. In Akadien gibt Vulpius einige der Ortsbezeichnungen Gastaldis wieder: Cavo de Brettoni, Flora, Refugio, Porto Réal. Aber Normanvilla erscheint zum ersten Mal. Nun wohl: in postkolumbianischer Zeit hatte niemand vor Verazzano die Küsten Akadiens erforscht. Anderseits sollte die fragliche Ortsbezeichnung später nie wieder erwähnt werden. Sie kann also nicht von Jacques Cartier oder seinen Nachfolgern stammen. Es bleibt nur eine mögliche Erklärung: Vulpius erhielt sie aus einer Quelle, die zeitlich vor den französischen und portugiesischen Expeditionen liegt, derselben möglicherweise, von der auch der Name *Baccalearum regio – Baccalaurae* stammt, der auf Karten anderer zeitgenössischer Autoren dem Innern Kanadas gegeben wurde. Denn wenn *Baccalos* offensichtlich hispanischen Ursprungs ist, so handelt es sich bei *Baccalea* um nichts anderes als eine fehlerhafte Übersetzung des germanischen Wortes „Stockfisch" ins Lateinische (abgeleitet von *baculum* oder *baculus* = Stock, während der Stockfisch im Vulgärlatein *moruta* oder *gadus morhua* hieß). Vulpius zögert daher nicht, den gleichen Namen in zwei verschiedenen Formen verschiedenen Ursprungs zu gebrauchen.

Wir haben also sehr guten Grund zu der Annahme, daß Normanvilla eine Ortsbezeichnung aus der Zeit vor den Portugiesen und Verazzano ist, und daß sie sich auf irgendeine europäische Niederlassung bezieht. Das Wort könnte eine Übertragung von *Northmannavirk* (nordisch: Festung der Nordmänner) ins Italienische sein und würde dann von den Skandinaviern Marklands herrühren. Aber seine Italianisierung hätte eher *Normannavilla* oder noch wahrscheinlicher *Normavilla* ergeben müssen. Die andere (uns gewisser erscheinende) Hypothese ist, daß es sich um die italienische Form von Normanville (Stadt der Normannen) handelt. Das würde wiederum auf die Gegenwart der Normannen während des Mittelalters in den neuen Ländern hinweisen. Man könnte sich so den königlichen Befehl Franz I. besser erklären, die erste in Neu-Frankreich gegründete Stadt Montréal zu taufen, um den Herzog der Normandie, Wilhelm II., König von Sizilien zu ehren, dessen Hauptstadt Montreale hieß. Und das, obwohl der Konquistador Jacques Cartier ein Bretone war. Bleibt noch zu klären, ob die Normannen Norumbega zu einem ungewissen Zeitpunkt (aber jedenfalls vor der zweiten Hälfte des 15. Jahrhunderts) durch Zufall entdeckten oder aufgrund genauer geographischer Angaben. Wir haben Anlaß, diese letztere Hypothese für die richtige zu halten. In jener Zeit gab es einen regen Seeverkehr zwischen den Häfen der Normandie (Dieppe, Honfleur, Rouen) und denjenigen Dänemarks, wo das Vorhandensein Vinlands und Marklands durchaus bekannt war, was besonders durch die Expedition von Poul Knudsson bewiesen wird, den König Magnus im Jahr 1354 beauftragte, die verlorenen Kolonien in Amerika wiederzufinden, wie auch durch die von König Christian III. im Jahr 1476 organisierte, deren Lotse der geheimnisvolle Scolvus war. Wenn anderseits der anonyme Geograph der *Relatio tartara* im Jahr 1440 Vinland kannte, und wenn dieses 1507 in Saint-Dié von Waldseemüller in seine Weltkarte eingezeichnet werden konnte, und zwar in richtiger, wenn auch nicht vollständiger Form, dann mußte es eine gewiß verborgene, Eingeweihten aber durchaus zugängliche Quelle dafür geben. Es war ohne jeden Zweifel eine isländische. Kolumbus entdeckte die Neue Welt nicht, aber er machte ihr Vorhandensein der Öffentlichkeit bekannt. Nach seiner ersten Reise hatte weder die Geheimhaltung der Königshöfe noch die der Kaufmannsgilden mehr einen Sinn. Die Spanier, die Portugiesen, die Engländer und die Franzosen machten sich offiziell daran, Länder zu entdecken, die die Skandinavier, die Normannen, die Basken, die Bretonen und andere mehr seit Jahrhunderten besuchten, Länder, in denen die Iren und Wikinger bedeutende Kolonien hatten, deren Spuren noch immer sichtbar waren[4 43], selbst ohne gewisse Ortsbezeichnungen zu erwähnen, die von Entdeckern und Geographen ohne besondere Überraschung zur Kenntnis genommen wurden, weil sie sie entweder nicht verstanden, oder weil sie ihnen schon bekannt waren.

Sechstes Kapitel

IM LAND DER PAPAGEIEN

Unter den geheimnisvollen Inseln des Atlantik, mit denen wir uns im II. Kapitel beschäftigten, gibt es eine, deren Namen den unvorbereiteten Leser stutzen lassen mag: Es ist die, die der Mediceische Atlas von 1351 Brazil nennt, die Karte des Pizigano (Abb. 16) von 1367 Braçir (dessen *c* eine regelwidrige Cedille trägt, um die italienische Aussprache dieses Buchstabens zu vermeiden), die Karten des Bianco (Abb. 17) von 1436 und des Fra Mauro von 1457 Berzil und die von Benincasa von 1482 Braçill. Pizigano läßt sie auf der gleichen Karte an drei verschiedenen Stellen erscheinen: im Westen und Südwesten der Küsten Irlands und westlich von Cap San Vicente an der äußersten Südwestecke Portugals. Pareto (Bildtafel V) zeigt sie uns 1455 einmal im Westen Irlands und nochmals auf der Höhe von Cap San Vicente. Bianco läßt sie auf einer der Karten seines Atlas genau dort liegen, wo sich heute der brasilianische Staat Pernambuco befindet. Man besaß also im 14. und 15. Jahrhundert widersprüchliche Angaben über ein Land jenseits des Ozeans, das nach Pizigano seinen Namen den Normannen verdankte.

Dieser Name war als solcher in Europa schon seit dem 9. Jahrhundert bekannt. Die Araber importierten nämlich aus Insulinde und Malabar, der indischen Pfefferküste, den Extrakt eines rötlichen Holzes, *bakkam (Caesalpinia*

Sapan und *Pterocarpus Santalinus)* genannt, der zum Färben von Stoffen verwendet wurde. Dieses Erzeugnis nannten die Italiener *bresill, brasilly, braxilis* oder *verzino* und lateinisch *bresillum* oder *verzinum.* Die Katalanen, die den Zwischenhandel von Italien nach Spanien besorgten, sagten *brazil.* Das Produkt gelangte zusammen mit Gewürzen nach Europa in Gestalt von Mark, Lösung oder Pulver, stellte also eine Ware von geringem Umfang, aber hohem Wert dar. Die ganzen Stämme zwecks Verarbeitung nach Europa zu verschiffen, wäre umständlich, zeitraubend und kostspielig gewesen und lag daher nicht im Interesse der arabischen Schiffseigner. Das wurde gegen Mitte des 13. Jahrhunderts schlagartig anders, als über die Häfen der Normandie Stämme von Brasil-Holz nach Frankreich zu gelangen begannen. Ein Irrtum darüber ist nicht möglich, da sein Gebrauch für Tischler und Böttcher in einem Buch beschrieben wird, das Estienne Boileau erscheinen ließ, als Ludwig IX. (1214–1270), der Heilige genannt, König von Frankreich war.

Von woher importierten die Normannen dieses Holz? Gewiß nicht aus Asien, da in jener Zeit kein europäisches Schiff den Indischen Ozean befuhr. Dazu hätte man das Kap der Guten Hoffnung umschiffen müssen, während die Seefahrer von Dieppe nur an den afrikanischen Küsten entlang nicht über den Zaire-Fluß (Kongo) hinausfuhren. Sie hatten also eine neue Versorgungsquelle für dieses wertvolle Holz entdeckt. Nun, außerhalb Südasiens gibt es Brasil-Holz nur noch in Zentralamerika und am Amazonas in Gestalt einer Abart des Sapang, mit botanischem Namen *Caesalpinia brasiliensis.* Das Geheimnis über die Lage der entdeckten Gebiete wurde selbstverständlich, wie das damals üblich war, von Seefahrern und Kaufleuten strengstens gehütet. Aber sie konnten natürlich sein Vorhandensein nicht leugnen, das ja schon durch die von ihnen eingeführten Produkte bewiesen wurde. Man begann daher von der Insel (wir sagten schon: alle neuen Länder waren Inseln) zu sprechen, die das Brasil-Holz lieferte. Und da diejenigen, die so von der Insel hörten, nicht mit Genauigkeit wissen konnten (und auch gar nicht sollten), wo sie lag, verzeichnete man sie auf den Karten aufgrund der umlaufenden (und durchaus widersprüchlichen) Gerüchte. So gelangten einige Kartographen sogar zu der Annahme, es gäbe mehrere Inseln des gleichen Namens. In der Normandie und besonders in Dieppe dagegen wußte man sehr wohl, woran man sich zu halten hatte. Im Jahr 1503, als es schon nicht mehr möglich (und auch nicht mehr nötig) war, das Geheimnis zu wahren, hatte der Kapitän Paulmier de Gonneville auf Ersuchen des königlichen Prokurators bei der Admiralität einen schriftlichen Bericht über einen von ihm erlittenen Schiffbruch abzugeben. Eine darin enthaltene Ortsbeschreibung erwähnt das „Land West-Indiens, wohin seit einigen Jahren die Seefahrer von Dieppe und St. Malo und andere Normannen sich begeben, um Holz zum Rotfärben zu holen“. Es ist das gleiche Land, das die Portugiesen *Terra Santae Crucis* nannten, das aber die Franzosen nie unter einer anderen Bezeichnung als Brésil kannten.

Die Überlieferungen von Dieppe haben die Erinnerung an eine Reise bewahrt, die der Kapitän Jean Cousin um das Jahr 1488 zur Mündung des Amazonas machte. Als er sich nach Afrika wandte, wurde sein Schiff auf der Höhe der Azoren von einer starken Meeresströmung – offenbar dem Nord-Äquatorialstrom – ergriffen und in westlicher Richtung an die Mündung eines gewaltigen Stromes geführt. Dieser Bericht ist nicht belegt, da die Archive der Admiralität des normannischen Hafens im Jahr 1694 durch die Engländer vernichtet wurden. Doch die überlieferten Einzelheiten lassen über seinen Wahrheitsgehalt kaum Zweifel. Es war dies übrigens nichts anderes als eine Routinefahrt und ihr angebliches Ziel, Afrika, nur Tarnung. Wenn man in der Zeit der offiziellen Entdekkung Amerikas, als das bis dahin gehütete Geheimnis schon keines mehr war, darüber sprach, war es vermutlich vor allem auch wegen eines Namens, der die Leute von Dieppe aufhorchen ließ. Cousins zweiter Kommandant war nämlich ein Kastilier namens Pinçon, der während der Reise die Besatzung zu einer Meuterei aufzustacheln versuchte und daher bei der Rückkehr vom Rat der Admiralität abgesetzt wurde. Handelte es sich um Martín Alonso Pinzón, der unter dem Befehl des Kolumbus Kapitän der *La Pinta* war, und der auf dieser „Entdekkungs"-Reise nach Amerika so sehr (und wahrlich nicht ohne Grund) darauf bestand, die Karavellen sollten nach Südwesten segeln, was er schließlich auch erreichte, nicht ohne danach ein schönes Beispiel von Undiszipliniertheit zu geben? Wir können diese Annahme nicht von der Hand weisen, die, wenn sie zuträfe, erklären würde, warum Pinzón nach Rom ging. Sie würde gleichfalls erklären, warum und wie sein Neffe Vicente Yánez Pinzón 1499 aus eigenen Mitteln eine Expedition nach Amerika ausrüsten und genau an jenen Punkt der Küste gelangen konnte, den Cousin allem Anschein nach elf Jahre zuvor angelaufen hatte.

Eine andere, jedoch durch dokumentarische Beweise belegte Reise von Dieppe aus, die der Kapitän de Gonneville im Jahr 1503 durchführte, hatte nicht den üblichen Tauschhandel zwecks Beschaffung von Brasil-Holz zum Ziel, sondern die Besitzergreifung von Gebieten, die viel weiter südlich lagen als die bis dahin von normannischen Schiffen angelaufenen. Wir berichteten in einer vorhergehenden Arbeit[43] von der Expedition, die Gonneville mit seiner *L'Espoir* an die Küsten Guayrás (des heutigen brasilianischen Staates Santa Catalina) führte, und von seinem sechsmonatigen Aufenthalt in dem Gebiet, der es ihm ermöglichte, die Grundlagen für seinen regelmäßigen Schiffsverkehr zu schaffen, den unmittelbar nach seiner Rückkehr zwei Reeder in Dieppe, die berühmten Brüder Ango, organisierten. Bis 1555, als Villegaignon in Rio de Janeiro sein kurzlebiges „Antarktisches Frankreich" gründete, fuhren ganze Flotten von Handelsschiffen regelmäßig von Dieppe, Honfleur, Rouen und Le Havre nach Brasilien. Die Bezeichnungen zwischen der Normandie und dem „Land der Papageien" waren so eng, daß 1550 anläßlich des Besuches von Heinrich II. und Katharina von Medici in Rouen ein „indianisches Fest" veranstaltet werden konnte, an dem 50 Tapinambá-Indianer und 250 Seeleute und Dolmetscher teilnahmen, die in Brasilien gelebt hatten.
Als Gonneville sich entlang der südamerikanischen Küste nach Süden wandte, wußte er wahrscheinlich, wohin er fuhr. Denn Guayrá, von dem er im Namen des Königs von Frankreich Besitz ergriff, war im 12. und 13. Jahrhundert Bestandteil des Wikinger-Imperiums von Tiahuanacu gewesen. Wir wollen hier nicht auf den früher ge-

machten Nachweis[4] der Anwesenheit von Dänen in Mittel- und Südamerika seit dem 10. Jahrhundert zurückkommen, auch nicht auf die Ausgrabungen und Forschungen[43], die uns in Paraguay übersetzbare Runeninschriften entdecken ließen. Wir wollen nur an die Feststellung erinnern, daß die Wikinger Südamerikas um 1250 die Verbindung mit ihren Stammverwandten in Europa und besonders in der Normandie wiederaufgenommen hatten. Dabei schickten sie einen katholischen Priester nach Europa zurück, den sie Thul Gnupa, Pater Gnupa, nannten. Die Eingeborenen von Guayrá und Paraguay bewahrten sein Gedächtnis unter dem Namen Pay Zumé, was die Jesuiten bei ihrer Missionsarbeit in diesem Gebiet zu Beginn des 17. Jahrhunderts annehmen ließ, der Heilige Thomas sei schon vor ihnen dort gewesen. Wir wissen durch die Karte Waldseemüllers, daß auch andere schon hundert Jahre zuvor die gleiche Idee gehabt hatten.
Die Ortsbezeichnungen in Paraguay und Guayrá bewahrten – und auf diesen Punkt kommt es uns an – noch zur Zeit der spanischen Konquista bedeutende Spuren der dänischen Präsenz. Zwei Karten beweisen das. Die eine (Bildtafel XIII), von Hulsius 1599 in Nürnberg gezeichnet, also noch vor der Ankunft der Jesuiten in Paraguay, ist, sogar in bezug auf die Küste, außerordentlich ungenau. Die Insel Santa Catalina beispielsweise befindet sich etwa acht Grad zu weit im Norden, und das am Eingang der Santos-Bucht liegende Cap San Vincente finden wir an der Mündung eines Guanabara genannten Flusses, d. h. also an der gleichnamigen Bucht, der Rio de Janeiro seine malerische Kulisse verdankt. Im Innern entspringt der merkwürdigerweise Parabol genannte Paraguay-Strom in

Bildtafel XIII
Karte von Hulsius (1599), Paraguay und Guayrá

den Anden, und sein Lauf wird mit dem des Pilcomayo verwechselt, während dessen Platz der Paraná einnimmt, beginnend mit der mythischen Lagune der Xaray – hier Eupana genannt – in der er entspringt. Diese Ungenauigkeiten dürfen uns nicht überraschen, denn die Hulsius-Karte ist, soviel wir wissen, die erste, die in einer Zeit, da nur die engere Umgebung Asuncións gründlich erforscht war, das ganze Land Paraguay einschließt. Sie wurde von einem Stubengelehrten entworfen, der sich notwendigerweise darauf beschränken mußte, Elemente vielfachen Ursprungs zusammenzustellen, ohne sie analysieren oder gar richtig auslegen zu können. So begegnen wir in der uns interessierenden Gegend Ortsbezeichnungen in Guaraní, Spanisch, Portugiesisch und Französisch oder doch in französischer Schreibweise, aber auch drei eindeutig skandinavischen Namen.

Der erste, *Froenirtiere*, bezeichnet eine Ortschaft genau im Norden von Asunción. Hermann Munk sieht darin eine nordische Wortverbindung von *frönir*, dem ersten Fall Mehrzahl von *fröno*, was „Gut des Herrn" oder „Allgemeingut" bedeutet, und *djara* = Teer, dessen indoeuropäische Wurzel *dru* oder *drew* in der gotischen Sprache zu *triu* und in der englischen zu *tree* im Sinne von Baum wurde. *Froenirtiere* könnte also etwa mit „Gut des Herrn des Waldes" oder frei mit „Gemeindewald" übersetzt werden.

Die zweite nordische Ortsbezeichnung, *Weibingo*, trägt eine andere Ortschaft am „Parabol" (Paraguay-Strom) im Westen von Asunción. Ihre Bedeutung ist viel klarer als die der vorhergehenden. Das Wort kommt vom nordischen *vej* = Weg und *vink* = Wink, Zeichen oder *vinkel*

Winkel, Ecke, zwei Ausdrücken übrigens, die die gleiche Wortwurzel haben. Dazu sei bemerkt, daß sich die Buchstaben *b* und *v* im Spanischen gleich aussprechen – und die Informationen, die Hulsius besaß, waren notwendigerweise spanischen Ursprungs – und daß man in damaliger Zeit beständig den einen an Stelle des anderen verwandte. Anderseits wurden die Buchstaben *k* und *g* in der späten Runenschrift durch ein und dasselbe Zeichen dargestellt. Schließlich ist bei einem Deutschen die Verwendung des *w* nur normal, um den Laut des *v* auszudrücken. Die Bedeutung von *Weibingo* könnte also „Wegzeichen" oder „Wegbiegung" sein.

Den dritten eindeutig skandinavischen Namen trägt eine Ortschaft im Süd-Südosten von Weibingo auf der anderen Seite des Stromes: *Naperüs,* hergeleitet vom nordischen *Hnapp* = Napf, Schüssel, Schale.

Es gibt noch andere germanisch klingende Ortsnamen, deren Bedeutung jedoch ungewiß ist: *Lübric Saba* im Süden von Weibingo scheint ein Nebenfluß des Paraguay zu sein, der allerdings auch Siñesis genannt wird. Lüburic könnte (nach Munk) vom nordischen *leyfa* kommen, dessen Wurzel *lub, laub* oder *liu* (lü) ist und erlauben bedeutet. *Saba* könnte vom altdeutschen *sap* = Saft kommen. Ein Sinn ist schwer erkennbar. Auch *Dubero* (Duber), Name eines Dorfes zwischen Asunción und Weibingo, scheint germanischen Ursprungs, entzieht sich jedoch jeder Deutung.

Die andere Karte (Bildtafel XIV) wurde von dem Pater Diego de Torres, Provinzial des Jesuiten-Ordens, mit seiner *carta annua* (Jahresbericht) vom 17. Mai 1609 nach Rom geschickt. Sie ist viel genauer als die andere, beson-

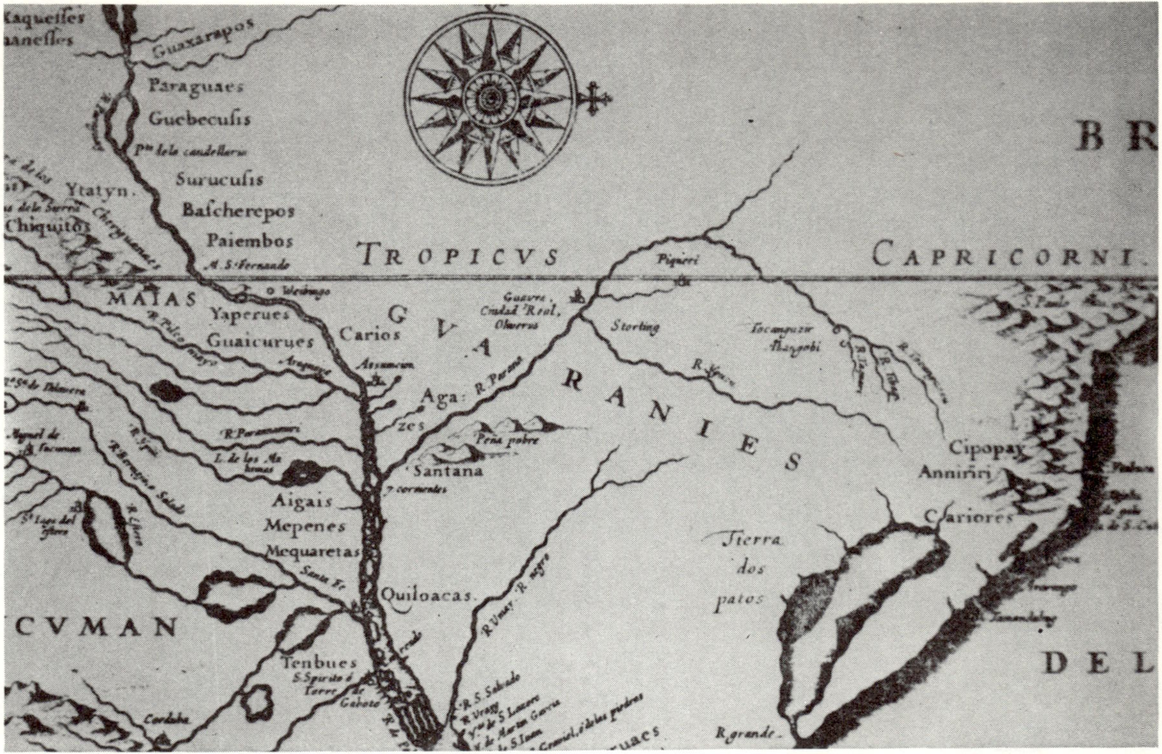

Bildtafel XIV

ders in bezug auf den Verlauf des Paraná, zumindest bis zur Höhe der Lagune der Xaray, in deren Süden die Ortschaft *Puerto de los Reyes* (heute: Bahía Negra) erscheint, die 1549 durch den Adelantado Alvar Nuñez Cabeza de Vaca gegründet wurde. Der Verfasser hielt sich augenscheinlich an verschiedene Informationsquellen, wie die portugiesische Schreibweise – *Taquari* – des Flusses Tacuari beweist. Aber einige der von ihm benutzten Angaben stammen zweifellos von den Jesuiten-Missionaren. Die Pater Cataldino und Maceta, die Guayrá erforschten und kolonisierten – das Gebiet zwischen Paraná und dem Atlantischen Ozean nördlich der Sierra dos Patos (einem gemischt spanisch-portugiesischen Ortsnamen) – waren Italiener. Der Marañón oder Obere Amazonas wurde nach dem ersten spanischen Seefahrer, der ihn befuhr, Orellana, benannt, aber auf der Karte wird er italienisch geschrieben: *Oregliana*.

Von den nordischen oder germanisch klingenden Ortsbezeichnungen auf der Hulsius-Karte, bleibt nur Weibingo. Die Dörfer Naperüs und Dubero sind ganz einfach verschwunden wie auch der Fluß, der mit Lüburic Saba bezeichnet war. Dagegen finden wir in der Darstellung Guayrás drei andere Namen dieser Art. Einer von ihnen im Nordosten des Zusammenflusses von Iguazú (als Iguzú falsch geschrieben) und Paraná ist von keinem topographischen Zeichen begleitet, so daß wir nicht wissen, was er bezeichnen soll. Es handelt sich um ein eindeutig nordisches Wort: *Storting* = große Versammlung, zusammengesetzt aus *stor* = groß und *thing* = Versammlung. Die Verbindung *th* gibt es in der Guaraní-Sprache, in welcher das Wort dem Kartographen oder seinem Informanten übermittelt wurde, nicht. Außerdem heißt bekanntlich das norwegische Parlament noch heute genauso: *Storting*.

Die zweite der fraglichen nordischen Ortsbezeichnungen ist die des Dorfes *Tocanguzir* am Ufer des Flusses Paranapané – hier Tocanguazú genannt – etwas östlich der Mündung seines Zuflusses Taquarí und im Norden einer anderen Ortschaft mit dem in schlechtem Guaraní geschriebenen Namen Abangobi (von *ava* = Indianer und *hovi* = reiten). Tocanguzir kommt vom nordischen *toga*, zweiter Fall Mehrzahl von *tog* = Expedition, und *husir*, erster Fall Mehrzahl von hus = Haus, was insgesamt „Häuser der Expeditionen" ergibt. Das *n* ist offensichtlich phonetisch wie in Abangobi. Das aspirierte *h*, das es in der spanischen Sprache nicht gibt, verwandelt sich in den zeitgenössischen Wiedergaben in ein *g*. Das *s* und das *z* werden in Südamerika wie in einigen Provinzen Spaniens gleichwertig und wechselweise gebraucht.

Bleibt der irrtümlich einem Fluß beigegebene Name *Tocanguazú*, mit welchem Cabeza de Vaca einen Kaziken bezeichnet – das heißt also ein Dorf, da er häufig die Eingeborenen-Häuptlinge (nach europäischem Brauch) so nennt wie ihre Besitzungen – und den sein Sekretär Pedro Hernández *Tocaguazú* schreibt. Die ersten beiden Silben dieser Ortsbezeichnung sind nordisch, wie wir gesehen haben. Das gilt nicht für *guazú*, was in der Guaraní-Sprache „groß" bedeutet. Eine solche Zusammenstellung hätte keinen Sinn. Wir glauben eher, daß in diesem Fall *guazú* eine im Guaraní-Sprachgebrauch entstellte Form des Quichua-Wortes *huasi* = Haus ist, das seinerseits von den Indianern des Altiplano, wo die Wikinger die Hauptstadt ihres Reiches hatten, aus dem nordischen *hus* gebildet wurde. In zwei verschiedenen Formen, von denen die eine deutlich nordisch ist, während die andere die aufeinander foldenden Einflüsse der Quichua- und der Guaraní-Sprache zeigt, bezeichnen also *Tocanguzir* und *Tocanguazú* zwei *Togahusir*, zwei Rasthäuser auf dem Weg, der vom Atlantik über Asunción nach Tiahuanacu führte. Der Kartograph übernahm die Worte, ohne sie zu verstehen und verwechselte sie wie wir in einer vorhergehenden Arbeit gezeigt haben[43].

Die nordischen Ortsbezeichnungen in Paraguay und Guayrá müssen noch viel zahlreicher gewesen sein. Die Spanier ersetzten sie aus dem einen oder anderen Grund nicht durch eigene, aber sie verschwanden im Lauf der Zeit aus dem Sprachgebrauch. Zumindest drei von ihnen wurden noch Ende vorigen Jahrhunderts verwendet. Wir begegnen ihnen in einem deutschen Atlas von 1894[50]. Auf seiner Karte von Paraguay erscheinen im Osten des gleichnamigen Flusses, in einem Gebiet, das damals noch (vor dem Chaco-Krieg) zu Bolivien gehörte, drei Dörfer mit den merkwürdigen Namen *Paat de Egippemin*, *Paat de Keira* und *Pidma Paat*. Das ist weder Guaraní, noch Spanisch (mit Ausnahme der Präposition „de"), noch Deutsch. Das Wort *paat* dagegen, das in allen drei Namen vorkommt, ist eindeutig nordisch und heißt „Pfad", „Weg", „Straße". In Egippemin will Hermann Munk das nordische *egg* = Ecke und in *pemin* eine Ableitung aus dem indogermanischen *pemph* = wachsen erkennen, welche Wurzel auch dem lateinischen *pampinus* = Weinlaub und dem englischen *pimple* = Korn die Form gegeben haben mag. Auch das heute im Deutschen nur noch wenig gebräuchliche Wort „Fimme" = Haufen, (Heu- oder Getreide-Schober) könnte den gleichen Ursprung haben. Eine nordische Entsprechung ist uns nicht bekannt, da wir aber wissen, daß die Wikinger Paraguays aus Schleswig kamen und einen aus Nordisch und Alt-Plattdeutsch gemischten Dialekt sprachen[4 51], wäre es möglich, daß *Paat de Egippemin* „Weg des Schobers an der Ecke" bedeutet hätte. Die Auslegung ist ungewiß, was nicht überraschen darf, wenn man bedenkt, daß diese Ortsbezeichnung über Jahrhunderte hinweg von Mund zu Mund überliefert wurde. Allein schon die spanische Präposition, die die beiden Wörter verbindet, genügt als Hinweis auf die Wandlungen, die der Name erlitten haben mag. Die beiden anderen Namen sind einfacher zu übersetzen. *Keira* scheint vom nordischen *keis* = Krümmung, Kurve zu kommen. *Paat de Keira* wäre also „gewundener Weg". Und *Pidma* stammt vom nordischen *bita* = Biß, dessen indogermanische Wurzel *bhid* = teilen ist. *Pidma Paat* wäre also „Weggabelung".

Wenn man noch 1599, ja sogar 1894 in Paraguay und Guayrá nordischen Ortsbezeichnungen begegnete, so ist es äußerst wahrscheinlich, daß die Normannen, die das Gebiet seit 1503 ein halbes Jahrhundert lang häufig aufsuchten, sie von den Eingeborenen hörten, mit denen sie ausgezeichnete Beziehungen unterhielten. Sie müssen sogar mit den Nachkommen der Wikinger in Verbindung getreten sein, die zu Beginn des 16. Jahrhunderts noch nicht so degeneriert gewesen sein müssen wie heutzutage, da wir in Paraguay Runen-Inschriften aus den Jahren 1431 und 1457[43] entdecken konnten. Sie müssen ihre entfernten Stammesbrüder sogar erkannt haben, da es an Bord der normannischen Schiffe Seeleute gab, die die dänischen

Häfen Südamerikas früher besucht hatten und den nordischen Dialekt noch verstehen konnten, den die im Lauf der Zeit zu „weißen Indianern“ (Guayakí) gewordenen Wikinger-Nachkommen sprachen[43]. Wir haben Beweise, daß es tatsächlich so war.

Auf der Hulsius-Karte (Bildtafel XIII) lesen wir nämlich auf dem Platz, den Guayrá einnimmt, in großen Buchstaben, so als handele es sich um den Namen der ganzen Region, die Inschrift *C. Daria* ohne Hinzufügung irgendeines topographischen Zeichens. Die von einem Wort weiblichen Geschlechtes gefolgte Abkürzung *C.* kann auf einer Karte nur *Civitas, Ciudad* o *Cidade* bedeuten, was in lateinischer, spanischer und portugiesischer Sprache „Stadt“ heißt, oder *Costa* = Küste in allen drei genannten Sprachen (freilich nicht im klassischen, sondern Vulgärlatein). Aber das Wort *Daria* sagt in diesen drei Sprachen nichts und gehört auch weder der französischen, noch der Guaraní-Sprache an. Handelt es sich um eine mangelhafte Wiedergabe des deutschen Geographen oder seines holländischen Verlegers? Es gibt einen guten Grund, das anzunehmen. Wenn wir nämlich das uns interessierende Gebiet auf dem Globus von Vulpius (Bildtafel XV) betrachten, der 50 Jahre vor der Hulsius-Karte entstand, so lesen wir auf dem Gebiet Guayrá *Costa Danea* = „Dänische Küste“ in Vulgärlatein. Das *n* in *Danea* kann leicht als *r* gelesen werden. Hulsius, der offenbar über die Vorgeschichte des dargestellten Landes nicht im Bilde war, konnte sich wahrscheinlich weder unter einer *Costa Danea,* noch unter einer *Costa Darea* etwas vorstellen. Er scheint sich für das letztere entschieden und, da es ihm als gutem Lateiner schlecht klang, aus dem *e* ein *i* gemacht zu haben, so

Bildtafel XV
Globus von Vulpius (1542), Südteil Amerikas

daß sich die weibliche Form des lateinischen Eigennamens *Darius* ergab – die es nicht gibt.
Diese Dänische Küste hatten die Normannen lange vor der Reise Gonnevilles häufig nennen gehört, und vielleicht suchten sie sie seit 150 Jahren ebenso regelmäßig auf, wie den Amazonas, wo sie seit Mitte des 13. Jahrhunderts Brasil-Holz luden. Die von den Dänen Südamerikas um 1250 nach Europa entsandte Mission hatte nicht nur Skandinavien erreicht – wie der Teppich von Ovrehogdal beweist, auf dem Lamas dargestellt sind (und den kein Hirschfeld verbannen konnte) – sondern auch die Normandie. Das ist aus folgenden Zusammenhängen abzuleiten: Die als „Der Mönch" bekannte präinkaische Statue von Tiahuanacu ist (vom Stil abgesehen) die perfekte Kopie einer Apostelfigur am Haupteingang der Kathedrale von Amiens, und der Fries am „Sonnentor" des gleichen Wikinger-Baues von Tiahuanacu gibt, wie Hector Greslebin[4] nachgewiesen hat, bis in die kleinsten Einzelheiten die Anbetung des Lammes wieder, wie sie im Giebelfeld der gleichen europäischen Kathedrale dargestellt ist. Nun, Dieppe, die Stadt des Jean Cousin und des Paulmier de Gonneville, ist der natürliche Hafen Amiens', das sich nur rund 100 km entfernt befindet. Selbstverständlich wurden die stammverwandten Gäste von jenseits des „Finsteren Meeres" von den normannischen Seefahrern eingehend ausgefragt, zumal es mit ihnen kaum irgendwelche Sprachschwierigkeiten gab. Sie kannten die Küsten Südamerikas vollkommen und waren sogar, wie die indianischen Überlieferungen bezeugen, die die Chronisten der Konquista sammelten, bis zur Meerenge im Süden des Kontinents gelangt[43]. Ihr Imperium er-

streckte sich vom heutigen Kolumbien bis Valparaiso in Chile. Auch die Pazifikküste konnte also für diese hervorragenden Seefahrer keine Geheimnisse haben. Anderseits besaßen sie am Atlantik verschiedene Häfen[51]. Wir wissen sogar, welche Häfen das Schiff anlief, mit dem der Pater Gnupa aus Europa kam[43]: die Bahía de Todos los Santos und das heutige Kap Frio im Norden von Rio de Janeiro, den südlichen Punkt einer großen Bucht, dessen Nordspitze noch heute Kap Santo Tomé heißt. Es sind genau diese beiden Punkte, die auch Gonneville auf seiner Rückreise anlief.

Unnötig hinzuzufügen, daß die dänischen Seefahrer, die sich auf den Ozean wagten, um nach Europa zu gelangen, mit Karten von Südamerika ausgestattet gewesen sein müssen. Und es ist logisch, anzunehmen, daß sie keinen Grund hatten, sie bei ihrer Ankunft in der Normandie zu verbergen. Sie hatten weder politische Rivalität, noch kaufmännische Konkurrenz zu fürchten. Wenn sich die Dinge so verhielten, wissen wir, wo Waldseemüller sich eine Karte des Subkontinents beschaffen konnte, wie sie nur kultvierte Seeleute mit praktischen Erfahrungen an allen Küsten Südamerikas zu entwerfen imstande waren. Aber warum ließ er unter diesen Umständen auf seiner Weltkarte die „Magallanes“-Straße nicht erscheinen? Er oder sein Auftraggeber müssen einen triftigen Grund dafür gehabt haben. Denn Meister Hylacomilus ließ sie nicht einfach weg, er schnitt sie ab, womit er die Harmonie seines Werkes opferte. Um Amerika auf den 40. Grad südlicher Breite zu beschränken, mußte er – wie wir gesehen haben, – den unteren Rand seiner Karte öffnen, um das ihm zu groß geratene Afrika nicht als Torso erscheinen zu lassen. War das bei ihm Unkenntnis oder Tarnung? Anderen jedenfalls – oder zumindest einem – war das Vorhandensein der Meerenge wenige Jahre später kein Geheimnis, obwohl sich inzwischen nichts Neues ereignet hatte. Denn im Jahr 1515 trug Johann Schöner, übrigens ein gewöhnlicher Plagiator Waldseemüllers, die Meerenge in seinen berühmten Globus ein.

Siebentes Kapitel

DAS GEHEIMNIS VON DIEPPE

Zum Abschluß unserer Analyse fällt es uns nicht schwer, den (erlebten) Spionageroman zu rekonstruieren, dessen Hauptfigur ein vaterlandsloser Seefahrer im Dienste Spaniens und dessen Ende im Jahr 1492 die „Entdeckung" der „Neuen Welt" war, deren Westküsten die Römer, um von den Indern und Chinesen gar nicht zu sprechen, schon zu Beginn unserer Zeitrechnung häufig aufgesucht hatten. Alles begann um das Jahr 1250, als ein von den seit dem 11. Jahrhundert in Südamerika ansässigen Wikingern entsandtes Schiff in der Normandie, wahrscheinlich in Dieppe, landete. Für die Reise gibt es handfeste Beweise. In Tiahuanacu existieren noch heute präinkaische Bildhauerarbeiten, die Motive vom 1236 fertiggestellten Hauptportal der Kathedrale von Amiens imitieren. Die Eingeborenen-Überlieferungen des Guayrá wissen von der etwa gleichzeitigen Ankunft eines katholischen Priesters, des Paters Gnupa. Und die Normannen beginnen – ebenfalls in der gleichen Epoche – mit dem Import von Stämmen des Brasil-Holzes, das sie nur in den Urwäldern des Amazonas oder auf den Antillen besorgen konnten. Als hervorragende Seefahrer, die – wie wir wissen – alle Küsten des Subkontinentes erforscht hatten, brachten die Dänen Südamerikas auf ihrer ersten Ozeanreise zur Wiederbegegnung mit dem Kontinent ihrer Herkunft ganz ohne Zweifel alle von ihnen erstellten Land- und Seekarten mit. Sie wurden in Dieppe kopiert. Die Nachfahren der Wikinger hatten keinerlei Grund, sie vor ihren stammverwandten Gastgebern zu verbergen. Die Seefahrer und Kaufleute von Dieppe dagegen, die dieselben sofort in Gebrauch nehmen, haben das größte Interesse daran, das Import-Monopol eines der wertvollsten Handelsgüter des Mittelalters für sich zu behalten, das heißt also, das Geheimnis der westlichen Länder zu wahren, wo das Brasil-Holz herkam.

In Europa war das Vorhandensein der Wikinger-Kolonien in Vinland durch die *Historia ecclesiastica* des Adam von Bremen bereits bekannt. Aber man muß ihnen nicht mehr Bedeutung beigemessen haben als der Insel des San Brandán oder den Ländern des Madoc. Sie blieben nicht mehr als Themen für die Balladen der Troubadoure und die Träume der Seefahrer. Das alles ändert sich in dem Augenblick, wo aus Sagen und Träumen Wirklichkeit wird: ein Schiff aus einer anderen Welt trifft ein, merkwürdig gekleidete Menschen berichten von ihren Reichtümern und zeigen Karten vor, aus denen die Größe ihres Kontinentes und dessen genauen Umrisse hervorgehen. Die Realität eines gewaltigen Kontinentes wird plötzlich greifbar, auf dem die Skandinavier ein Imperium erobert haben, eines Kontinentes, an dessen immensen Schätzen man in Zukunft teilhaben kann, und sei es auch zunächst durch nichts anderes als den Import des begehrten Brasil-Holzes. Sollte Vinland nicht vielleicht die nördliche Verlängerung des Landes der Papageien sein? Man kann sich leicht Gewißheit verschaffen. Die Normannen hatten die Verbindung mit ihrem dänischen Herkunftsland nie ganz verloren. Zu Beginn des 14. Jahrhunderts, vielleicht schon früher, wurden ständige maritime Beziehungen zwischen dem Herzogtum Normandie und dem Königreich Dänemark hergestellt[52]. In Dänemark besorgten sich die Diepper ohne Schwierigkeit nicht nur frische Informationen – die letzte bekannte Reise der Dänen nach Markland hatte 1347 stattgefunden – sondern auch Karten, wie wir sie abgebildet haben. Daher dauerte es nicht lange, daß sie mit dem Fang von Klippfisch bei Neufundland begannen.

Die Normannen stehen in dem verdienten Ruf, die mißtrauischsten Franzosen zu sein. Kein Geheimnis jedoch kann unbegrenzt gewahrt werden, so sehr man es auch hütet. Die Fahrten nach dem Amazonas werden als harmlose Routinereisen zu den Küsten Afrikas deklariert, und man läßt die daran teilnehmenden Seeleute schwören, das wirkliche Ziel nicht zu verraten. Aber das Brasil-Holz, das in den normannischen Häfen ausgeladen wird, erweckt den Verdacht vor allem der italienischen Kaufleute, die bis dahin das Handelsmonopol dafür besaßen. Und wenn auch die Diepper nie von Hochseefischerei sprechen, so kann es doch beispielsweise ihren bretonischen Nachbarn und Rivalen von Saint-Malo nicht lange verborgen bleiben, daß normannische Schiffe mit Ladungen einer Fischart zurückkehren, die an Frankreichs Küste bisher unbekannt war. Es ist eine Kabeljauart, die getrocknet und gesalzen eine Ware von hohem Handelswert darstellt: Stockfisch, den bisher nur die Hanse beschaffen konnte. Die Fischer von Saint-Malo, von La Rochelle und aus den kleinen Häfen der Gascogne zögern nicht, den Diepper-Schiffen bis Neufundland zu folgen, wohin auch

die Basken gelangten, vielleicht nachdem ihr Walfischfang wenig rentabel geworden war.
Die Zeit geht weiter. Portugal, das einen guten Teil der Tempelritter-Flotte aufgenommen hat, verwandelt sich in eine Seemacht. Der Infant Heinrich der Seefahrer entwirft ein Projekt, sich die Gewürze ohne Vermittlung der Araber und Italiener zu beschaffen. Man wird im Land der Berber und später in Guinea schwarzen Pfeffer (*Amomum grani paradisi*) und Zimt auf eigene Rechnung suchen. Warum nicht auch das Farbholz wie die Normannen? Aber wo finden diese es? Portugal hat seine Spione, die Lissabon berichten, daß die Schiffe aus Dieppe tatsächlich die Küsten Afrikas entlang fahren, aber nur bis zum Äquator, um hier mit Westkurs auf den Atlantik hinauszufahren und zu einer großen Insel zu gelangen, wo sie das wertvolle Holz aufnehmen. Es ist sogar wahrscheinlich, wie wir sehen werden, daß sie irgendeine mehr oder weniger getreue Kopie der Wikinger-Karte von Südamerika bekommen. Der Inhalt ihrer Berichte klingt nicht sehr wahrscheinlich, und die Portugiesen glauben fast, es handele sich um „Spielmaterial", wie die Nachrichtendienste heute gezielte Indiskretionen zur Verwirrung des Gegners nennen. Sie haben immer noch allein die Indien-Route um das Kap der Guten Hoffnung im Sinn, das ihre Schiffe bald umfahren werden. Das Material aus Dieppe wird, sicher ist sicher, in der *Tesouraria* verwahrt und vergessen.
Die nicht ohne Grund über die unverständliche Konkurrenz der Normannen besorgten Italiener versuchen sich gleichfalls zu informieren. Sie schnappen einige ungenaue Gerüchte über Länder jenseits des Atlantik auf, die mal

im Süden, mal im Norden liegen und in der Normandie verallgemeinernd Brasil oder Bracir genannt werden sollen. Die Kartographen verzeichnen auf ihren Karten die „Insel“ getreulich dort, wo sie nach diesen verschiedenen Gerüchten jeweils liegen soll – Andrea Bianco beweist 1436, daß er bessere Unterlagen als die anderen hat – und wenn die Angaben widersprüchlich sind, so haben sie keine Bedenken, das geheimnisvolle Land, als habe es die Gabe der Allgegenwärtigkeit, mehrfach an verschiedenen Stellen des Ozeans auftauchen zu lassen.

Brasilien ist ein Problem. Aber es gibt noch andere. Pfeffer und Zimt, die die Portugiesen aus Afrika importieren, stehen in scharfem Wettbewerb mit den Spezereien des Fernen Ostens. Lange vor Cantino schon müssen italienische Spione in Lissabon „angesetzt“ worden sein, wo die – wie wir gesehen haben – etwas „durchlässige“ *Tesouraria* des Königs ihre volle Aufmerksamkeit verdiente. Hier sind gegen gute Dukaten – Geld und Spionage gehören seit jeher zusammen – Informationen zu erhalten, die es erlauben, den Karten des Atlantik die Großen Antillen hinzuzufügen, ja sogar hinter ihnen – wie Pareto das 1455 tat – in vagen Zügen die Ostgrenzen des amerikanischen Kontinents anzudeuten. Ohne sie kopieren zu können, war es irgendjemand gelungen, wenigstens einen Blick auf die Karte der Neuen Welt zu werfen, die die Wikinger aus Tiahuanacu nach Dieppe gebracht hatten, und die hier dank den in Dänemark erhaltenen Auskünften über Vinland vervollständigt worden war.

Wer also hatte diese geniale Idee? Im Mittelalter und besonders seit dem 13. Jahrhundert stellte die „Geographie“ des Ptolemäus den fundamentalen Text aller kartographischen Studien dar. Auf der Weltkarte, die ihr zur Illustrierung beigegeben war, erschien am äußersten Ende des Fernen Ostens das Land Cattigara, dessen Ostküste nicht angegeben war. War es Toscanelli, der als erster die Idee hatte, diese Karte mit der Darstellung der Wikinger zu ergänzen? Ausgeschlossen ist das nicht. Vielleicht steht er 1457, dem Entstehungsdatum der ihm zugeschriebenen Karte, mit dem Kanonikus Martínez oder Martins in Korrespondenz. Doch ist seine Linienführung „Ostindiens" der wirklichen nicht ähnlich genug, um uns in dieser Annahme sicher sein zu lassen. Dagegen gibt es keinen solchen Zweifel in bezug auf die Karte, die Henricus Martellus (Heinrich Hammer) 1489 zeichnete. Hier verwandelt sich das Land Cattigara in eine gewaltige Halbinsel, deren allgemeine Form derjenigen Südamerikas (einschließlich Feuerland) sehr nahe kommt. Aber jemand war dem deutschen Geographen zuvorgekommen. Im Geheimarchiv zu Lissabon hatte sich Kolumbus nicht darauf beschränkt, Toscanellis Brief zu kopieren. Er hatte die Karte aus Dieppe gesehen oder doch vielleicht eine Weltkarte, die Martin Behaim unter Verwendung derselben entworfen hatte. Daher seine Reise nach Thule, die dazu bestimmt war, die so erlangten Angaben zu bestätigen. Daher auch seine Gewißheit, daß sich die Neue Welt mit dem Land Cattigara vereinige und sich dort befinde, wo sie tatsächlich liegt. Es ist in der gleichen *Tesouraria* zu Lissabon, wo Magallanes einige Jahre später die Karte entwendet, die Pigafetta dem Behaim zuschreibt, und auf der die Meeresdurchfahrt am Südende des amerikanischen Kontinents verzeichnet ist. Wenn es sich nicht um die Karte von Dieppe oder irgendeine andere handelt, die sich an ihr inspirierte, so kann es nichts anderes als eine Kopie des Globus von Schöner gewesen sein, der 1515 fertiggestellt wurde, vier Jahre ehe der portugiesische Überläufer Karl V. sein Projekt einreichte. Diese letztere Hypothese führt uns zu der „unmöglichen Karte“ von Dieppe.

Waldseemüller ist, wie wir gesehen haben, nichts weiter als ein großartiger Handwerker. Sein Beruf ist es, Karten zu zeichnen und in Holz zu schneiden. Dazu benutzt er die Angaben, die ihm zur Verfügung gestellt werden, ohne daß ihm seine höchst mittelmäßige Bildung erlaubt, sie zu beurteilen. Er zögert nicht – wem auch immer ein so lächerlicher Übersetzungsfehler zuzuschreiben ist – in den ersten Jahren des 16. Jahrhunderts eine Abtei in Südamerika liegen zu lassen. Als außergewöhnlicher Techniker erfindet er die Kugelprojektion, die komplizierte Berechnungen erfordert, aber er verschiebt eine ganze Serie von Ortsbezeichnungen um 12 Grad nach Süden, ohne sich im geringsten um den Widersinn zu kümmern, der dabei herauskommt: Der mehr oder weniger unerforschte Teil Südamerikas erscheint mit Ortsbezeichnungen bedeckt, während der bereits wohlbekannte Nordosten des Kontinents fast weiß bleibt. Anderseits scheint im Vogesen-Gymnasium auf dem Gebiet der Geographie niemand viel mehr als er gewußt zu haben. Es darf uns daher nicht verwundern, daß seine Weltkarte von 1507 eindeutig aus drei Elementen verschiedenen Ursprungs besteht.

Das erste ist der alte Kontinent, so wie ihn Henricus Martellus dargestellt hatte, mit der Halbinsel Cattigara in der Form Südamerikas. Dieses jedoch verdankt er nicht dem deutschen Geographen, denn er fügt ihm eine Neuigkeit hinzu, die Meerenge, die Feuerland durchschneidet. Meister Hylacomilus kopiert also eine archaische Karte, ohne zu begreifen, daß das darauf verzeichnete „Ostindien“ nichts anderes als der Südteil Amerikas ist. Er schiebt nämlich – und dies ist das zweite Element – die Neue Welt zwischen Ostasien und Westeuropa ein: ein fast vollständiges Südamerika, das kolumbianische Zentralamerika und ein auf Vinland zuzüglich Florida beschränktes Nordamerika. Schließlich bedeckt er – als drittes Element – die Ostküste Südamerikas mit einer Reihe von Ortsnamen, die aus den verschiedensten Karten und Berichten stammen, und wenn er, wie im Falle Südamerikas, nur über vage topographische Hinweise verfügt, verstreut er sie auf gut Glück. Das zeigt, daß er sich einer unbeschrifteten Karte bedient hat.

Auf den ersten Blick gibt diese Weltkarte von Saint-Dié ein Rätsel auf. Die Linienführung Südamerikas ist bemerkenswert genau, wenn man davon absieht, daß dieses nur bis zum 40. Grad reicht und ihm also Feuerland mit seiner Meerenge fehlt. Aber die Darstellung Nordamerikas hinkt ihrer Zeit hinterher, indem sie weder Grönland, noch die *Baccalaurae*, noch Neufundland umfaßt, und ist ihr gleichzeitig weit voraus, da sie uns den Kontinent als vollkommen von Asien getrennt vorstellt. Nun, diese beiden scheinbar widersprüchlichen Charakteristiken sind genau diejenigen der Karte von Dieppe und keiner anderen, der vollständigen, wie hervorzuheben ist, nicht bloß einer teilweisen Kopie, wie sie sich in der königlichen Schatzkammer zu Lissabon befand. Auf dieser Kopie war der nördliche Teil des amerikanischen Kontinents weggelassen, offenbar weil den Kopisten nur der südliche interessierte. So beging Kolumbus den Irrtum, sich die Neue Welt als Teil Asiens vorzustellen.

Anderseits sind Waldseemüllers südamerikanische Ortsbezeichnungen nicht ausschließlich portugiesisch und spanisch. Wir beziehen uns hier nicht auf die lateinischen Ortsnamen, die irgendeinen Ursprung haben können, sondern auf die Erwähnung einer *Terra S. Thome* auf dem Gebiet von Guayrá, wo die Missionare später die Eingeborenen-Überlieferungen von dem Zug des Pay Zumé sammeln werden, jenem *Thul* Gnupa, aus dem sie einen Apostel Thomas machen. Vom rein linguistischen Standpunkt aus kann der von Waldseemüller erwähnte Name portugiesisch sein, obwohl dem Wort *Thome* der Akzent auf dem (betonten) *e* fehlt, mit dem es endet. Aber dieser Orthographiefehler ist bei einem sich der deutschen oder lateinischen Sprache bedienenden Kartographen entschuldbar, zumal in jener Zeit der Diphthong *ae* häufig durch ein *e* ersetzt wurde. Trotzdem ist die erstgenannte Hypothese schwer annehmbar. *Terra S. Thome* ist kein irgendeinem Punkt der Karte willkürlich gegebener Name (wie alle anderen), sondern das Ergebnis sorgfältiger Forschungen in engem Kontakt mit den Eingeborenen. Nun wohl: die Portugiesen kamen damals noch nicht nach Guayrá, das sie erst im 17. Jahrhundert besetzen sollten, nachdem sie die Spanier zurückgeschlagen hatten. Daher ist das ganze Gebiet auf der Karte von Saint-Dié weiß, ohne einen einzigen Namen, ja sogar ohne jeden Fluß. Dagegen unterhielten die Normannen dort seit der Reise des Gonneville die besten Beziehungen zu den Ureinwohnern, von denen übrigens einige keine Indianer, sondern Dänen gewesen sein müssen. Es scheint also, daß ihnen der lateinische Name *Terra S. Thome* zuzuschreiben ist. Hundert Jahre vor den Spaniern mußten sie von dem christlichen Priester sprechen gehört haben, den die Nachkommen der Wikinger Gnupa nannten und die Indianer Zumé, und in welchem sie den Heiligen Thomas zu erkennen glaubten.

Wie war die Karte von Dieppe nach Saint-Dié gelangt? Vermerken wir zunächst, daß das Geheimnis schon nicht mehr so streng gehütet worden sein kann wie zuvor. Jetzt kennt nämlich schon alle Welt Amerika. Juan und Sebastian Cabot haben im Dienst des Königs von England die Küsten von Labrador und Neufundland erforscht. Die Portugiesen schicken immer neue Expeditionen nach Südamerika. Etwas zu verheimlichen, was andere laut verkünden, hat für die Diepper keinen Sinn. Ja, sie könnten sogar ein Interesse daran gehabt haben, die Rechte, die die Bulle Papst Alexanders VI. von 1493 den Franzosen verweigert (indem sie die Neue Welt zwischen Spaniern und Portugiesen aufteilt), dadurch zu verteidigen, daß sie die für sie sprechende Vorgeschichte bekannt machen. Zumindest einige werden sie glauben. Andere werden jedenfalls bald folgen. Vielleicht haben die Diepper guten Grund, heute zu behaupten, daß ihre Kartographen die ersten waren, die auf ihren Weltkarten Amerika von Asien trennten[53].

Renatus II. begeistert sich für Geographie. Als Souverän des Binnenlandes Lothringen, ist er für die Seemächte kein Rivale, und sie fürchten ihn nicht. Natürlich verfügt er über bedeutende Geldmittel. Anderseits unterhält er beste Beziehungen sowohl zum König von Frankreich als auch zum Deutschen Kaiser. Er benutzt diese Vorteile, um sich

Informationen zu beschaffen, die er Saint-Dié und Straßburg zur Verfügung stellt. Einige kommen aus Frankreich, wie die *Lettera* des Vespucci, die er dem Kanonikus Lud in französischer Übersetzung zustellt. Es ist höchst wahrscheinlich, daß er es war, der dem Vogesen-Gymnasium die auf diplomatischem Weg erhaltene oder von irgendeinem seiner Spione gekaufte Karte von Dieppe verschaffte.

Die Hypothese des diplomatischen Weges ist die wahrscheinlichste. Frankreich hat nämlich jetzt, zu Beginn des 16. Jahrhunderts, ein ausgesprochenes Interesse daran, der Welt (und dem Papst) zu zeigen, daß die Spanier und Portugiesen nichts entdeckten, was nicht schon vorher bekannt war. Wenn dieses diplomatische Manöver durchgeführt wurde, sollte es gute Ergebnisse erzielen. Clemens VII. mußte 1533 erklären, daß die fragliche Bulle „nur die bekannten Kontinente betrifft und nicht die vorher von anderen Kronen entdeckten Länder". Die fragliche Bulle wurde 1493 erlassen. Der Papst muß also zugeben, daß Zentral- und Südamerika unmittelbar nach der ersten Reise des Kolumbus, der dabei bekanntlich nur bis zu den Antillen gelangte, bereits bekannte Länder waren. Er wird das spanisch-portugiesische Privileg aufrechterhalten, soweit es Mittel- und Südamerika betrifft, aber er wird in bezug auf Nordamerika nachgeben, von dem nur ein kleiner Teil auf der Karte Waldseemüllers erscheint. Frankreich kann Kanada jetzt unbehindert kolonisieren. Nur das Land der Papageien bleibt ihm verboten, obwohl sich übrigens weder Franz I. noch Katharina von Medici an den päpstlichen Schiedsspruch halten.

Wenn unsere Hypothese richtig ist, bezweckt Paris, indem es die Karte von Dieppe durch einen Dritten verbreiten läßt, die Spanier und Portugiesen in ihren Ansprüchen zu bremsen, und nicht etwa, ihnen Informationen zu liefern, die sie reizen könnten, noch weiter zu gehen. Was man über Südamerika weiß – gut, sollen es die anderen auch erfahren, aber nichts über die Meerenge. Deshalb gibt Herzog Renatus dem Vogesen-Gymnasium den Befehl, daß die von ihm in Auftrag gegebene Weltkarte nichts über die Südpassage aussagt, ja daß sie nicht einmal bis allzu dicht an die Stelle reichen darf, wo diese sich befindet. Waldseemüller muß also seine Karte im Süden am 40. Breitengrad aufhören lassen, so daß er gezwungen ist, das Südende Afrikas, das er irrtümlich am 45. Breitengrad vermutet, über den Kartenrand hinausragen zu lassen.

Dank seiner eindrucksvollen Weltkarte wird Waldseemüller plötzlich ein berühmter Mann. Die Kosmographen Deutschlands, seine Landsleute, nehmen Verbindung zu ihm auf. Sie möchten wissen, wo ihr junger Kollege seine Informationen her hat, die es ihm gestatteten, seine „unmögliche Karte“ zu zeichnen, und warum Südamerika auf dieser als Torso erscheint. Und Meister Hylacomilus zeigt sich mitteilsam. So kopiert Johann Schöner, als er 1515 seinen Globus konstruiert, die Weltkarte von Saint-Dié mit der grotesken Erwähnung einer *Abatia Omnium Sanctorum* (wobei er noch selbst einen orthographischen Fehler hinzufügt, indem er *abatia* nur mit einem b schreibt). Aus Waldseemüllers lateinisch-portugiesischer Version des St. Thomas-Landes *(Terra S. Thome)* macht er (in vermeintlich richtigem Latein) ein *S(anc)ti Thome Terra*, wobei er, einem zeitgemäßen Mißbrauch folgend, aus dem korrekten Doppellaut *ae* ein einfaches e macht. Schließlich fügt er auch noch die Meerenge hinzu und eine *Brasilie Regio,* in der sich Feuerland und die traditionelle *Terra Australia* vermengen. Und Apianus, der 1520 Waldseemüller ganz einfach plagiiert, verlängert die Neue Welt um einige Grade nach Süden, wo er ihren äußersten Ausläufer vom Ozean umspülen läßt. Die Tatsache, daß in beiden Fällen die Meerenge zu weit nördlich, aber trotzdem noch weit südlich des Rio de la Plata eingetragen ist, rührt offensichtlich von der Ungenauigkeit der Karte von Dieppe her. Der Beweis dafür ist, daß Magallanes vor der ungeheuren Mündung des La Plata-Stromes nicht einen Augenblick zögert und die Einfahrt zur Meerenge erst auf der Breite zu suchen beginnt, auf der sie auf der von ihm in der *Tesouraria* des Königs von Portugal gestohlenen Karte angegeben war.

Jetzt ist alles klar. Die Diepper waren seit dem 13. Jahrhundert die Bewahrer des Geheimnisses von Amerika, das ihnen die stammverwandten Wikinger anvertraut hatten. Die Karte, die sie aufgrund der von den Dänen Tiahuanacus und den Norwegern Islands erhaltenen Angaben zeichneten, entging der portugiesischen Spionage nicht. In Lissabon stahlen Kolumbus und danach Magallanes Teile der Karte, womit sie verständlicherweise in Portugal nichts anfangen konnten. Beide wandten sich daher an Spanien, wo man ihnen die benötigten Mittel bereitstellte, nachdem der eine die Ausmaße des Globus bewußt gefälscht, der andere eine unvollständige Karte vorgezeigt hatte. Doch schon 1493 beunruhigte sich der König von Frankreich über die Aufteilung der Welt zwischen Portugiesen und Spaniern, wie sie Papst Alexander VI. mit seiner berühmten Bulle bestimmt hatte. Er entschloß sich, nachzuweisen, daß die iberischen Mächte gar nichts entdeckt hatten. Er handelte unter Einschaltung seines lieben Vetters, des Herzogs von Lothringen und ließ in Saint-Dié die wissenschaftlich verstümmelte Karte von Dieppe veröffentlichen. Aufgrund von Indiskretionen wurde sie erst einige Jahre später durch Schöner in ihrem ganzen Umfang bekannt. Damit blieb von dem Geheimnis von Dieppe nichts weiter übrig als das Mysterium der „Entdeckung“ und das einer „unmöglichen Karte“. Wir glauben, dieses Geheimnis enthüllt zu haben.

ENDE

BIBLIOGRAPHIE

[1] Herrmann, Paul: 7 vorbei und 8 verweht, Hamburg, 1969.
[2] Gandía, Enrique de: Primitivos navegantes vascos, Buenos Aires, 1942.
[3] Ibarra Grasso, Dick Edgar: „La representación de América en mapas romanos de tiempos de Cristo" (Anführungszeichen vom Verfasser), Buenos Aires, 1870.
[4] Mahieu, Jacques de: Des Sonnengottes große Reise, Tübingen, 1972.
[5] Braudel, Fernand: Las civilizaciones actuales, Übersetzung ins Spanische, Madrid 1969.
[6] Cortesão, A. Z.: Cartografia e cartógrafos dos séculos XV e XVI, Lissabon, 1935.
[7] Aristoteles: De coelo, II, 14.
[8] Aristoteles: De mundo, III.
[9] Aristoteles: Meteorologica, II, 5.
[10] Strabon: Geographia, L. I.
[11] Seneca: Questiones naturales, Vorwort.
[12] Seneca: Medea, Actus II, Chorus, in fine.
[13] Macrobius: Commentarius in somnio Scipionis, L. III, cap. 9.
[14] Plutarch: De facie in orbe lunae.
[15] Plutarch: De defectu oracularum, cap. 18.
[16] Pseudo Aristoteles: De mirabiles auscultationes, cap. 84.
[17] Diodoros (von Sizilien): Bibliotheca, V, 19, 20. Lateinische Übersetzung aus dem Griechischen.
[18] Plutarch: In vita Sertorii, cap. 8.
[19] Sallust(ius): Fragmenta, 439.
[20] Oviedo y Valdés, Gonzalo Fernando de: Historia general y natural de las Indias, islas y tierra-firme del mar Océano, Madrid, 1855.

[21] Cosmos Indicopleustes: Topographia christiana, cap. Christianorum opinio de mundo.

[22] El Edrisi: Africa.

[23] Dante Alighieri: Divina Commedia, Purgatorio, Canto I, v. 22; Canto IV, v. 139. Inferno, Canto XXXIV, v. 100–127.

[24] Albertus Magnus: Liber cosmographicus de natura locorum.

[25] Humboldt, Alexander v.: Cristóbal Colón y el descubrimiento de América, Historia de la geografía del nuevo continente y de los progresos de la astronomía náutica en los siglos XV y XVI, spanische Übersetzung, Madrid, 1926.

[26] Navarrete, Martín Fernández de: Colección de los viajes y descubrimientos que hicieron por mar los españoles, Madrid, 1825.

[27] Barcia, Andrés: Historiadores primitivos de la India, Madrid, 1749.

[28] Martyr d'Anghiera, Piero: Opus epistolarum, De rebus oceanicis et de orbo novo, Basel, 1583.

[29] Madariaga, Salvador de: Vida del Muy Magnífico Señor don Cristóbal Colón, Buenos Aires, 1940.

[30] Pinedo Yánez, Rafael: La isla y Colón, Buenos Aires, 1955.

[31] Wiesenthal, Simon: Les voiles de l'espoir, französische Übersetzung, Paris, 1972.

[32] Cronau, Rudolf: América, spanische Übersetzung, Barcelona, 1892.

[33] Casas, Bartolomé de las: Historia de las Indias, Madrid, 1875.

[34] Nunn, George E.: The geographical conception of Columbus, New York, 1924.

[35] Barros, Joam: Da Asia. Dos factos que os portugueses fizeram no descubrimento e conquista dos mares e terras de Oriente, Lissabon, 1542.

[36] Herrera, Antonio de: Décadas, Madrid, 1601.

[37] Pigafetta, Antonio de: Primo viaggio intorno al globo, Venedig, 1700.

[38] Furlong, Guillermo: Martin Waldseemüller y su mapa de 1507, „La Nación" (Tageszeitung), Buenos Aires, 1969.

[39] Ruiz-Guiñazú, Enrique: Proas de España en el Mar Magallánico, Buenos Aires, 1945.

[40] Ein bibliophiler Geograph (wahrscheinlich: M. d'Avezac): Martin

Hylacomylus Waltzemüller, ses ouvrages et ses collaborateurs, Paris, 1867.
[41] Ingstad, Helge: Vinland ruins prove Vikings from the New World, „National Geographic“ (Zeitschrift), Washington, 1964.
[42] Gravier, Gabriel: Découverte de l'Amérique par les Normands, Paris, 1847.
[43] Mahieu, Jacques de: Des Sonnengottes Todeskampf, Tübingen, 1973.
[44] Ramusio, Giovanni Battista: Terzo volume delle navigazione e viaggio.
[45] Cartier, Jacques: Bref récit et succinte narration du voyage de Jacques Cartier, Paris, 1556.
[46] Cleirac: Us et coutumes de la mer, Paris, 1661.
[47] Levesque, René: L'archéologie à Brador, rapport préliminaire de la Société d'Archéologie de la Côte Nord, Québec, 1968.
[48] Lescarbot, Marc: Histoire de la Nouvelle-France, Paris, 1611.
[49] Guernier, Eugène: Jacques Cartier et la pensée colonisatrice, Paris, 1946.
[50] Kiepert's Großer Hand-Atlas, Berlin, 1894, Karte Nr. 44.
[51] Mahieu, Jacques de: Des Sonnengottes heilige Steine, Tübingen, 1975.
[52] Mollat, Michel: Le commerce maritime normand à la fin du Moyen-Age, Paris, 1952.
[53] Anthiaume, A.: Cartes maritimes, voyages et découvertes chez les Normands, 1500–1650, Paris, 1916.

BILDTAFELN

ABBILDUNGEN IM TEXT